**本书获得如下项目支持：**

● 福建省以马克思主义为指导的哲学社会科学学科基础理论研究基地"闽东特色乡村振兴之路研究中心"财政专项建设项目（闽财教指〔2021〕103 号）。

● 福建省高校特色新型智库"精准扶贫与反返贫研究中心"2022 年度开放研究基金项目（项目编号：KF10）。

● 国家自然科学基金面上项目"病虫害防治外包响应、防治规模与生态防效"（项目编号：71873035）。

● 宁德师范学院引进人才科研项目"乡村振兴视角下农业社会化服务的效益评价"（项目编号：2022Y20）。

● 福建农林大学科技创新专项基金项目"水稻化学要素投入存在的群体性、区域性"（项目编号：CXZX2017570）。

乡村振兴经济研究丛书

# 农业防治外包服务决策

# 及生态效应研究

蔡良玫　著

厦门大学出版社　国家一级出版社
XIAMEN UNIVERSITY PRESS　全国百佳图书出版单位

**图书在版编目（CIP）数据**

农业防治外包服务决策及生态效应研究 / 蔡良玫著
. -- 厦门：厦门大学出版社，2024.6
（乡村振兴经济研究丛书）
ISBN 978-7-5615-9390-5

Ⅰ．①农… Ⅱ．①蔡… Ⅲ．①农业生产-生产服务-
对外承包-研究-中国②农村生态环境-生态效应-研究
-中国 Ⅳ．①F326.6②X321.2

中国国家版本馆CIP数据核字(2024)第100171号

责任编辑　李瑞晶
美术编辑　李嘉彬
技术编辑　朱　楷

出版发行　厦门大学出版社
社　　　址　厦门市软件园二期望海路 39 号
邮政编码　361008
总　　　机　0592-2181111　0592-2181406(传真)
营销中心　0592-2184458　0592-2181365
网　　　址　http://www.xmupress.com
邮　　　箱　xmup@xmupress.com
印　　　刷　厦门市金凯龙包装科技有限公司

开本　720 mm×1 000 mm　1/16
印张　9
插页　2
字数　135 千字
版次　2024 年 6 月第 1 版
印次　2024 年 6 月第 1 次印刷
定价　45.00 元

本书如有印装质量问题请直接寄承印厂调换

厦门大学出版社
微信二维码

厦门大学出版社
微博二维码

# 前　言

近三十年来,随着现代化建设的加速,我国农业技术的发展取得了长足进步,机械装备技术、育种技术等的创新,不断地冲击着城乡二元经济结构,小农经济隐含的效率固化阻碍了现今农业生产力的提升。城镇化促使非农就业机会增加,大量农村青壮年劳动力从农村流向城市务工,导致农民在种植过程中减少田间管理的时间投入。田间劳动力的减少打乱了家庭内部的自然分工,产生了明显的负外部性,如带来了农村田地未来谁来耕种、如何耕种的生产风险,以及导致了因化学要素过量投入以替代劳动力要素而产生的粮食安全隐患。

鉴于此,有必要打破小农经济的思维困局,考虑农业生产过程的可分性。实际上,农业专业化分工的萌芽早已在我国推进病虫害防治的过程中出现。2008 年中央 1 号文件提出"探索建立专业化防治队伍,推进重大植物病虫害统防统治",随后一系列涉及农业社会化服务的政策文件陆续发布。有学者在农业外包服务的研究中发现水稻不同外包环节的采纳率存在差异,且防治环节采纳率相对较低的现象。为什么农户对病虫害防治外包的接受度不高,即防治外包决策受到哪些关键因素的影响,哪些因素会影响防治外包规模扩大,不同的防治方式对施药行为的影响如何。围绕这些问题,本书从农业专业化分工视角考察病虫害防治外包服务的可行性,利用斯密分工理论刻画农户对防治外包服务决策采用的一般机理;利用2018—2019年陆续收集的福建省水稻病虫害防治数据,对农户防治服务决策行为进行实证考察,同时从农药施用的角度测度防治外包的生态效应,并说明其中的传导机制。本书主要内容与相关结论如下。

第一,以水稻种植为例,阐述福建省病虫害防治外包情况。首先,目前购买病虫害防治外包服务的农户较少;防治外包服务更多吸引的是有中等规模农田的农户;有50.64%的农户购买防治外包服务的目的是提高劳动效率;植保无人机能极大地提高防治作业能力。其次,福建省内不少防治组织具有多重农业属性,防治组织负责人同时也拥有农资公司、农机公司或合作社背景,使得防治资源呈现农业生产链上下延伸与水平集聚的趋势,有利于未来农业一体化服务的开展。最后,政府在推广水稻防治外包过程中起到的积极作用主要体现在搭建供需平台。同时,政府能引导农户参与外包,以及启动专项资金加强防治外包与绿色防治技术整合。

第二,在农业劳动力转移和土地流转相对缓慢的背景下,农业生产外包已成为农业现代化的主要手段。本书调查了福建省10个县的水稻防治外包情况,并利用 Heckman 模型分析了影响农户选择决策和防治外包规模的因素。首先,农业劳动力、农户合作社成员身份、种植面积、种粮收入比例、组织服务推广程度、地区是影响农民参与水稻防治外包服务的主要因素。其次,农业劳动力、农户合作社成员身份、种植面积、兼业行为、防治组织植保机械效率以及地区是影响防治外包服务规模的主要因素。最后,从地域来看,与闽南的农户相比,闽北和闽西的农户更依赖防治外包服务消费。这些结果为政府决策者提供了政策建议,并可鼓励外包组织提高植保机械的先进性水平,从而有效提升水稻农户对病虫害防治外包决策的参与程度。

第三,在病虫害防治外包的生态效应方面,主要考察防治外包对农药施用量和生物农药施用行为的影响。本书构建影响农药施用量的 ERM 模型,并加入工具变量,研究结果表明:与自主防治相比,防治外包能促进农药减量施用。在此基础上,利用 Probit 模型构建外包过程中的农药施药行为方程,比较外包服务过程中不同植保机械防治方式对施药行为的影响。结果显示:与背负式防治相比,使用植保无人机防治更能避免外包过程中的过量施药行为。此外,病虫害防治外包服务能显著增加生物农药施用行为的发生概率。

第四,为更好地促进农机现代化、农业社会化服务制度的可持续性发展,笔者对福建省 10 个县的水稻防治外包情况进行调查,并利用 Probit 模型分析植保机械购置补贴政策对防治外包服务的影响,结果表明:植保机械购置补贴政策在一定程度上会抑制防治外包服务的采用。近三年(相对于 2018—2019 年这个时间段而言,下同)使用购机补贴的农户购买防治外包服务的概率显著减小,而三年前使用购机补贴对农户购买外包服务行为的影响不显著。原因在于:面对防治外包服务决策时,持有享受补贴政策购买的植保机械往往被看作"沉没成本",导致农户放弃选择其他防治方式,但这种损失厌恶会随时间变化而逐渐减弱。因此,本书建议,植保机械购置补贴资金分配的重心应落在外包组织防治机械的更新升级上,同时,因地制宜地做好植保机械购置补贴政策的推广区划。

本书写于劳动力老龄化背景下的稻田种植模式转型期,农业社会化服务正悄然改变着农田生产方式。本书对病虫害防治外包服务的研究,可以帮助管理者突破土地管理无法集中的藩篱,实现生产经营方式的效率化和规模化,为农业专业化分工理论在中国情景中的应用提供解释力;同时,可以为农业服务社会化的推广制度,尤其是后续引导农户的化学品减量提供政策设计依据,以及更具普适性的分析框架。希望本书中对水稻防治环节的体察能为农业防治社会化服务决策提供参考,为乡村振兴战略下的绿色农业发展提供助益。

全书虽几经修改,但仍有不足之处,欢迎各位读者评阅指导,不吝赐教。

蔡良玫

2024 年 5 月

# 目　录

# 0　引言

## 0.1　农业防治外包服务研究背景

20世纪50—80年代,我国农业生产经营方式发生了明显改变,农村生产模式从人民公社的集体生产转变为家庭承包经营。在城乡二元经济结构下,家庭生产具有灵活、弹性的决策优势,成员间有共同的生产目标,极大地鼓舞了生产者的主观能动性,促使更多生产潜能释放。但是,家庭内的自然分工限制了农业生产要素的再集中,随之形成的小规模"生产自治"又约束了人们对家庭经营的想象力,农户参与市场交易、农业专业化分工的可能性被忽视。

近三十年来,随着现代化建设的加速,我国农业技术的发展取得了长足进步,机械装备技术、育种技术等的创新,不断地冲击着城乡二元经济结构,小农经济隐含的效率固化阻碍了现今农业生产力的提升。尤其是,农村大量青壮年劳动力进城务工,使得兼业农民在农村中占有相当大的比重,这类农户有部分或完全脱离农田生产的现实诉求,田间劳动力的减少打乱了家庭内的自然分工,产生了明显的负外部性,如带来了农村田地未来谁来耕种、如何耕种的生产风险,以及导致了化学要素过量投入以替代劳动力生产要素而产生的安全风险。另外,以经营权流转为基础的农地规模经营,内生高昂的交易成本(胡新艳 等,2016)。

非农就业机会增加使得农民投入农田的时间相对减少,农村劳动力成本问题在城镇化建设进程中凸显出来,理性的农户越来越倾向于使用节约劳动力的生产方式,而为了达到以往产量的预期,往往对化学要素产生路径依赖。近些年,我国化肥与农药总体投入量急剧攀升,其中:2013年农药的单位面积使用量是世界平均水平的2.5倍(陈晓明,2016);2017年化肥的单位使用量超出为防止水体污染而拟定的225千克/公顷的安全使用上限(段华平,2010);依据2018年《中国农业年鉴》的统计数据计算,2018年我国化肥的单位使用量达到352.27千克/公顷。化学要素的过度使用加剧了农业面源污染、田间害虫天敌数量锐减,加速了病虫害的流行,最终形成化学要素滥用的恶性循环。鉴于此,在全面推进乡村振兴战略、建设美丽乡村的时代背景下,有必要打破小农经济的思维困局,考虑生产过程可分性,以及新时期农业机械、农技管理对劳动力替代的可能性,通过农业专业化分工重新聚集生产要素资源,并探究背后的经济学原因,旨在更好地服务于农业现代化生产(蔡良玫 等,2019)。

实际上,农业专业化分工的萌芽已在病虫害防治过程中出现,为了缩短劳动工时且满足生产效率的提高,部分农村出现了雇佣"种植能人"代为防治病虫害的情况(蔡良玫 等,2019)。2008年中央1号文件提出"探索建立专业化防治队伍,推进重大植物病虫害统防统治";2010年农业部印发《农作物病虫害专业化统防统治示范工作方案》,这是通过植物保护专业技术和设备的专业组织开展社会化、规模化、集约化的农作物病虫害的防治行为,也是防治外包的新形式(蔡良玫 等,2019)。截至2020年,全国专业化防治组织数量为9.32万个,日作业能力达到1.36亿亩;2022年三大粮食作物病虫害统防统治覆盖率达到 43.6%<sup>①</sup>。

本书将病虫害防治外包服务划分为两种类型：一种是专业化的植保防治，另一种是非正式的代防代治。两者的区别主要体现在防治队伍、防治决策上，前者是由防治公司拟定防治决策的承包防治，防治主体是通过植保站认证的防治公司；后者是雇佣防治，防治主体是外来农业人员或邻居，防治决策由农户决定。无论是哪种外包形式，一定程度上都代表着防治过程中生产要素的集中。

有学者认为，通过经营权细分及交易所实现的农业服务规模经营，能够显著提升农业的规模经济收益和分工效率。在农户存在对土地的身份财产权和在位控制权诉求的刚性约束条件下，推进农业服务规模经营是我国农业适度规模经营发展的重要方向（胡新艳 等，2016）。现有学者主要从劳动效率、服务定价、福利水平等角度对农业生产环节外包展开研究，研究发现，相较于其他整地、育秧、移栽、收割环节，防治环节外包服务的农户参与度最低（申红芳，2014），田间管理环节外包带来的福利效应是高于其他环节的（杨志海，2019）。那么，哪些因素会影响农户对水稻防治外包服务的响应？水稻整体的防治规模主要受哪些因素影响？水稻防治外包发展能否科学满足农业生产，它对农药使用量的影响如何？上述问题是政府选择农业生产外包服务支持政策时需要考虑的现实问题，现有研究也并未就外包服务推广对施药投入行为的影响给出更系统的估计，但这些问题亟须关注。

病虫害防治环节的外包是整个农业外包服务中最为特殊的一环，防治效果的好坏与农户产量直接相关，代表着更高的操作风险；也是最有难度的一环，与其他生产环节相比，对农技农机配合度有更高的要求。因此，在某种程度上，病虫害防治环节外包服务是"生产环节小托管"到"农业社会化服

① 武汉市农业农村局 2022 年全国农作物重大病虫害防控成效显著[EB/OL].（2022-12-31）[2023-12-25]. https://nyncj. wuhan. gov. cn/xwzx_25/xxlb/202301/t20230103_2123458.html.

务"的"最后一公里"。它的壮大意味着农业发展将打破以往单一依靠农地产权聚合来实现规模经营的思维僵局,通过田间管理的聚合实现防治服务的规模经营,让农户参与农业交易并分享分工经济红利。这是迎合农业生产要素充分流动、满足提高农业劳动效率诉求背景下,转变农业生产方式的重大探索,也是农业产业化的新思路(蔡良玫 等,2019)。

本书在分析农户对病虫害防治外包决策的基础上,考察防治外包规模的影响因素,以及病虫害防治外包对农药施用量、生物农药施用行为的影响。其意义在于丰富了农户植保防治选择,能为后续引导农业化学品减量提供政策边界和依据,以期遏制因不合理防治而引起的稻田生态恶化现象;同时,突破土地管理难于集中的藩篱,通过规模服务实现生产经营方式的效率化和规模化,并为农业社会化防治提供案例参考。

# 0.2 研究目标与研究假说

## 0.2.1 研究目标

研究目标是在乡村振兴视角下促进病虫害防治外包服务高质量、健康发展,维护生态环境利益,推行农业的专业化分工,围绕水稻病虫害防治外包服务展开系统的理论与实证研究;了解农户参与病虫害防治外包服务的决策情况,厘清发展防治外包规模经营的适用条件,同时评价病虫害防治外包对施药行为的影响,为完善农业社会化防治、建设美丽乡村提供政策建议。具体目标如下。

目标一:梳理目前我国水稻病虫害防治情况,并分析福建省水稻病虫害防治外包服务现状与可能存在的问题。

目标二:讨论病虫害防治外包服务与农户参与的关系,分别从农户禀赋条件、生产条件、防治队伍区域组织化程度等方面来解释农户的决策差异,为设计高质量的农业社会化服务方案提供一个更具操作性的分析框架;推导扩大防治外包服务规模的适用条件,运用经济学与农学知识,从土地特征、生产特征、兼业行为、植保机械效率等方面来说明病虫害防治的适度规模。

目标三:测度防治外包服务对农药施用量、生物农药施用行为的影响,并在此基础上解释不同防治外包方式对施药行为减量影响的差异,帮助防治外包服务实现经济效益与生态效益的统一。

目标四:从外部视角考察植保机械购置补贴政策对防治外包决策的影响。植保机械购置补贴政策和防治外包政策作为两种推动提高病虫害防治现代化水平的政策模式,现实路径存在差异,因此,需要进一步厘清两者之间的关系,并为政府部门的决策者更新农机农技、推动农业社会化服务提供较为科学的参考建议。

## 0.2.2 研究假说

针对以上研究目标,提出以下研究假说。

假说一:在现行政策扶持力度下,农户的禀赋条件、生产条件、外包组织化程度会影响农户对病虫害防治外包服务的响应程度。

假说二:防治外包存在适度规模,专业化防治外包可能会受到农户生产特征、植保机械效率等因素差异的影响。

假说三:选择水稻病虫害防治外包服务能实现农药施用的减量,且不同防治外包植保机型对农药施用行为的影响存在差异。同时,防治外包服务能增加生物农药施用行为的发生概率。

假说四:植保机械购置补贴会降低防治环节的外包服务采纳度,但这种抑制作用随着时间推移而减弱。

# 0.3 研究方法

根据上述研究内容,本书以斯密分工理论、农业生态学理论为主要理论基础,运用文献研究法归纳水稻病虫害防治服务的政策背景,利用比较分析法体现福建省在国内水稻病虫害防治上的成效,同时用实证分析法论证农户对防治外包服务的响应程度与防治外包规模的影响因素,以及验证防治外包服务对农药施用的影响。在研究过程中,针对不同内容采用不同的研究模型(详见表 0-1)。

表 0-1　各研究内容对应的研究模型分类表

| 研究内容 | | 研究模型 |
|---|---|---|
| 内容一 | 福建省水稻病虫害外包服务情况 | 描述统计法 |
| 内容二 | 分析水稻防治外包的决策 | Heckman 两阶段模型 |
| | 水稻防治外包规模的适宜条件 | Heckman 两阶段模型 |
| 内容三 | 病虫害防治外包的生态效应研究 | |
| | ① 病虫害防治外包对农药过量施用的控制 | 工具变量法、ERM 模型 |
| | ② 防治组织不同机械类型对农药减量差异的影响 | Probit 模型 |
| | ③ 病虫害防治外包对生物农药施用的影响 | Logit 模型 |
| 内容四 | 植保购置补贴对防治外包参与的影响 | Probit 模型 |

# 0.4 创新与不足

本书有以下创新之处。

(1)将防治外包服务的研究与病虫害流行观点、经济学分工理论相结合,用农学观点来丰富分工理论在农业中的运用,并寻找防治外包服务社会化推广的适度规模空间。结论不仅涉及经济学层面,更考虑到自然科学视角下病虫害发生、流行的客观约束,具有一定的普适性。

(2)在防治外包服务的研究内容上,考察防治外包服务对农药施用的影响,这符合当前政府对科学减少农药化肥施用的提倡。同时,外包服务是农业专业分工的积极探索,对外包服务的响应和防治外包规模适宜条件的研究将极大满足广大兼业农户缩短农业劳动时间的现实需求,为进一步解放农田劳动生产力提供必要的帮助。

(3)结合应用统计年鉴数据,以及大样本数据调研方法,用宏观数据反映国内水稻病虫害防治情况,在微观层面比较防治外包与自主防治对农药施药的影响,进而估计不同防治外包方式对农药减量行为影响的差异性。通过宏观层面与微观层面的计量统计,对研究问题有更全面的剖析,增加了结论的说服力与可靠性。

受资料、时间、经费和研究能力的限制,本书存在以下几个方面的不足。

(1)与固定地块的田间实验不同,水稻田间日常防治操作本身具有隐蔽性,且本次微观调查范围主要是福建省内的 40 个村庄,故水稻农药施用的观测数据是通过记录单位面积内农药稀释前的毫升数得到的,虽有一定合理性,但需要更为精准的测度。

(2)研究模型的设定主要是为了对 2018—2019 年福建省水稻病虫害防治情况的截面数据进行实证分析,模型设定中用防治后产量损失程度来代表病虫害的发生程度,若在时间与经费充裕的条件下,配合农技人员做地块层面的病情评估后结果会更加精确。

(3)本书主要立足于福建省内农户的微观调查,对村庄层面的数据收集稍显不足,同时,由于存在跨村镇服务,抽样的病虫害防治公司样本总数有限。

# 1 农业防治外包服务理论基础与现实可行性

## 1.1 核心概念界定

为避免语义上的误解所带来的争论,也为了严格限制研究范围,因此有必要对以下核心概念给出明确的解释,定义其内涵与外延。

### 1.1.1 农业社会化服务

早在改革开放初期,我国就提出了农业社会化服务的概念。1991年,国务院下发《关于加强农业社会化服务体系建设的通知》(国发〔1991〕59号);2004年,国家对农业社会化服务有了明确的要求,即形成"以公益性服务为主体,经营性服务为补充"体系,为农技、农资、农机、农产品流通服务等领域提供服务(关锐捷,2012)。2012年,农业社会化服务的内涵有了进一步的延伸,国家提出支持培育新型农业社会化服务组织,经营性服务的重要性日益凸显。2017年,农财两部办公厅联合印发《关于支持农业生产社会化服务工作的通知》(农办财〔2017〕41号),重点支持服务组织为小农户提供深耕深松、工厂化育秧、统防统治等关键环节的生产托管服务,鼓励龙头组织对接农户有偿服务的模式,包括托管服务式、订单服务式、平台服务式、站点服务式、股份合作式、代耕代种式等，旨在带领小农户发展现代农业，推动服务规模经营。

本书中提到的农业社会化服务也称农业防治外包服务，是指贯穿农业生产作业链条，直接完成或协助完成农业产前、产中、产后各环节作业的社会化服务。

## 1.1.2 农业病虫害防治外包服务

病虫害防治外包服务是农业社会化服务环节中的重要组成部分。本书中提到的病虫害防治外包服务包含专业化统防统治、非正式代防代治这两类的防治行为。

专业化统防统治早期是带有政府性质的集体防治公益服务，由植保站或农技推广站成员主导。近年来，随着新型农业社会化服务组织不断壮大，政府角色由"主导"变"引导"，主力成员来自合作社、种植大户、家庭农场、农资公司等组织机构，同时在服务内容上有偿防治服务的比重明显增加。专业化统防统治指具备一定植保专业技术条件的服务组织，采用先进、实用的设备和技术，为农民提供契约性的防治服务，开展社会化、规模化的农作物病虫害防控行动。福建省对专业化统防统治组织有"五有"要求，即要"有法人资格、有规章制度、有技术队伍、有统治设备、有档案记录"①。

非正式代防代治也就是私人雇佣防治。防治主体是村庄邻里或外来地区农业人员，多数以口头雇佣方式来解决因农户外出或兼业导致的田间管理空白，因此，这里的代防代治行为具有双方协商决策（施药品类、机械仍由农户决定）、作业时机临时性（雇佣防治按天数支付费用、防治人员变动较

① 福建省农业厅关于省政协十一届三次会议 20151076 号提案答复的函[EB/OL]．(2015-10-08)[2023-07-15]．https://www.fujian.gov.cn/zwgk/zdlyxxgk/jytabl/jytabl/201510/t20151008_2565508.htm.

大)、防治任务零散性(防治规模有限,基本不存在整村防治的统一行动)的特点。

# 1.2　农业防治外包服务理论基础

## 1.2.1　农业生产过程的分工理论

亚当·斯密在 1776 年出版的《国富论》一书中提出,分工与专业化是提高生产效率的源泉,分工水平取决于市场范围,通过生产者熟练程度的提高来实现专门作业,避免了与生产无直接关系的时间浪费,此即"斯密定理"(也称斯密的分工理论)。由于 17 世纪的农业大多还处于传统的手工阶段,对自然生产禀赋依赖性强,难以形成标准化操作,使得专业化分工观点极少出现在当时的农业理论探索与实践运用中(蔡良玫 等,2019)。美国经济学家陈林·杨格在 1928 年对斯密定理进行了补充,他关注到企业内分工与产业分工的联系,认为分工不仅取决于市场范围的大小,由分工引发的专业化生产环节的多少及其网络效应也会影响分工,二者互相影响。之后,马克思发展了斯密的分工理论,论述了社会分工与技术分工的关系,把社会分工划分为工业分工、农业分工、服务业分工等产业部门。

到了 20 世纪,不少学者意识到农业科技的进步与管理的创新克服了农作物的生物特性,"迂回"的劳动分工成为可能,如果将外包服务看作是农业生产过程的中间产品与交易,则可以实现农业的劳动分工(罗必良 等,2008;罗必良,2017;杨进 等,2019)。另外,农户生产经营活动卷入外部分工以及社会化分工网络扩展,能够更显著地改善农业的外部分工经济与规模经济(Yang and Zhao,2003)。

## 1.2.2 生态农业理论

"生态农业"的概念于 1971 年由美国学者 A. William 在《生态农业及有关技术》一书中提出,1981 年英国学者对其进行进一步完善,将其定义为:生态上能自我维持,低投入,经济上有生命力,能够长远发展,并在环境、伦理道德以及美学上被接受的小型农业。然而,当时国外生态农业概念的提出是基于特殊的背景的——想克服石油农业的弊端,而强调生态系统自我维持(Dai,1995)。因此,生态农业理论在 20 世纪 80 年代中期进入中国时,应用情境与我国实际国情不吻合。之后,我国结合实际国情赋予生态农业新的内涵,"强调生产力的提高必须建立在合理利用资源与生态环境保护的基础上"(汪卫民,1998),以生态学与生态经济学原理为基础,侧重整体农业的优化与管理,保证生态与经济的良性循环。

# 1.3 农业防治外包服务的现实可行性

现今农业生产链的迂回程度提高,机械替代人力的程度提升,且农户角色多元化,这些都为农业的分工操作留下空间,但现有研究却没有给出一个相对完整的农业分工系统理论框架,导致农业外包服务缺乏清晰的行动路径。病虫害防治是农业生产环节中最为复杂的关键环节,该环节的执行效果直接关系到农户的最终收益,原本"分散自治"的植保防治劳动能否依托分工理论聚集到有相对生产优势的防治组织,最终形成生产链上劳动的横向集合呢?

依据斯密定理对分工的理论判断,分工是通过市场来协调的,分工的程度取决于市场范围的大小。只有分工产生的管理成本低于市场的交易成本,分工才得以实现,进而通过推进专业化生产,享受零部件或工艺阶段的最适规模带来的规模收益(蔡良玫 等,2019)。不少学者采用斯密的分工理论解释农业外包服务行为(罗必良,2017;李宁 等,2019;苏柯雨 等,2020),认为市场容量是推进农业外包服务行业发展的关键。这里的市场容量包括两个层面:一个是农户个体参与密度。由于农户才是购买农业外包服务的决策主体,外包采纳程度直接关系到决策主体的聚合程度,参与外包程度越高,外包的市场规模也就越大(蔡良玫、王林萍,2019)。另一个是外包决策聚合后外包服务的交易次数,农事活动的可交易性以及质量监督的可考核性使得纵向分工中的务农作业频率提高(罗必良,2017),农业分工空间得到拓展与深化,这些都为农业外包服务的可持续发展创造条件。

在上述理论中,市场规模与成本比较是分工成立的逻辑关键。在市场规模方面,应包含两个维度的内容,一是防治服务内在的需求响应,代表着现实与潜在种植个体的内在响应;二是防治服务规模,代表着土地、机械要素、技术聚合。在成本比较方面,防治成本的高低直接影响农业防治外包服务的操作半径(蔡良玫 等,2019)。

然而,若直接简单利用分工理论的核心要义对植保防治外包服务进行研究,可能会忽视农业分工中农业本身的自然属性。因此,有必要考虑植保防治外包服务对田间生态环境的影响,也就是考察防治外包服务行为的环境友好性,本书主要侧重于考察防治外包服务对农药使用量的影响。只有兼顾经济与生态利益,才能实现病虫害防治外包服务的可持续发展。防治外包内在响应、防治规模聚合、环境友好型防治行为是病虫害防治外包服务中不可缺少的要素。

## 1.3.1 防治外包内在响应

农户是购买服务的决策主体,防治服务的响应决策直接关系到决策主体的聚合。响应程度越高,意味着有越多的潜在与现实的购买者,市场规模也就越大(蔡良玫 等,2019)。对防治服务响应的把握,需要科学洞察资源禀赋和约束条件下农户购买决策行为的一般行为目标。例如,对于同类作物小农来说,购买服务是为了代替农机的直接投资,通过迂回投资来避免生产风险;对于同类作物的规模农户来说,购买目标是为了代替人力资本的投入;对于不同作物的农户来说,由于外包服务存在内容差异,也会使得农户购买需求程度不同(蔡良玫 等,2019)。此即是说,不仅同类作物农户之间防治社会化服务参与度存在差异,而且不同作物类型的农户参与防治外包的意愿也存在不同,例如果农往往比稻农有着更高的社会化服务意愿。理论上,不同外包服务的防治成本存在差异,进而影响不同农户选择服务的决策响应。对于农户而言,他们作为决策主体,愿意用防治外包代替自主防治的动机是前者防治价格优、防治效率高,即农户可通过外包来缩短农业劳动时间从而减少机会成本。

## 1.3.2 防治服务规模聚合

从经济学理论角度来看,提高农户参与度的核心在于防治面积的规模化,只有防治面积的规模聚合才可能降低统防统治分工服务的边际成本,从而使得专业化服务分工具备可持续性。罗必良(2017)认为,生产性服务的市场容量是诱导农业服务主体生成的关键因素,市场容量包括了纵向分工中的交易频率与横向分工中的交易密度。王钊等(2015)建议促进适度的连片种植,这样有利于提高农业社会化服务水平。

规模聚合的服务分工是否会造成作物种植结构的单一性,从而造成生态系统的失衡?从生态学角度来讲,专业化的分工导致作物种植结构的单一化,反而更会加剧病虫害的流行,显然这样的结果违背了统防统治服务最初的目标,所以结合农学的生产观点将更有利于推敲防治规模的适度边界。

（1）地形条件、防治机械到达便利性等土地特性都是防治地块规模化操作的约束条件。

（2）规模化的防治要求防治时间的统一，然而防治时间的统一必须基于农作物相同的生长周期。以水稻为例，若相邻地块的水稻品种不同或熟期相距较远，那么病虫害防治的最佳时期就不同，统一防治便会影响防治效果。理论上认为，防治外包面积越大，防治效果越好，但这个理论需要加上约束条件才可以成立。笔者提出假说：作物在种植布局上种类相同且品种相似或熟期相近，会使得防治时间相对固定，从而节省统一种植时间、统一品种的决策成本，这类作物的农户更容易购买外包服务。

（3）防治规模可能会受到防治组织植保机械效率的影响。现有病虫害防治外包费用往往通过防治面积来进行计算，但水稻各类病害、虫害流行规律并不相同。一些地区水稻迁飞性害虫（褐飞虱、稻纵卷叶螟）较多，采用集中规模防治可以防止辗转危害（蔡良玫 等，2019）。对于暴发性虫灾频繁的地区，外包组织所配备的植保机械防治效率的高低会直接影响到防治外包规模。对于呈梯度分布的水稻虫害，防治重点则是做好虫源控制，若进行大面积防治，有可能造成农药和人工的浪费，规模效应得不到体现。因此，外包服务关键不在于防治面积，而是在于通过提升植保机械效率来扩大防控规模以及对锁定靶标。此外，还有必要在现有防治服务项目中强化虫情测报的精确性。

（4）地区水稻产业化程度，表现在稻谷商品化程度、种粮合作社建立规模、防治外包队伍组织化程度这几个方面。产业化程度越高，意味着要素聚合程度越高，技术推广与资讯传递成本越低，规模农业不再受限于小农的议价能力，更容易获得市场分工剩余，且种植大户或合作社会更有投资农业的意愿。现实中，种植大户、合作社这类龙头组织通常会为周边散户提供育秧、烘干、收购粮食等有偿服务，建立美誉度与领导力，吸引周边散户主动加入防治外包服务。因此，地区水稻产业化程度会促进水稻防治外包服务规模聚合。

### 1.3.3　环境友好型防治行为

防治专业化分工理论框架形成的前提是在人为农田环境下农业的可持续发展,也就是在植保防治外包操作中需要避免规模防治可能带来的自然生产风险。虽然理论上防治外包是防治技术平台的前移,通过集约防治的方式可以避免因劳动力投入不足而错过防治最佳时机,尤其是避免兼业农户施药不及时产生负外部性影响导致的农户杀虫剂施用强度提升的现象(陈品 等,2018),从而达到控制化学要素过量施用的效果。然而,从农学的病害流行观点出发,大面积种植单一作物,虽然满足了规模防治分工的便利性,但却人为地排除了其他植物的种类竞争,导致农田生态系统的群落结构趋于简单,影响生态环境的多样性和生态系统自我调节功能,从而增加病虫害流行风险,这反而可能会使农药的投入使用增加。从经济学角度来说,农业生产有借由外包服务解决田间劳动力投入不足的问题以及整合农业生产资源的诉求,显然经济学与农学对植保防治规模化的判断出现矛盾。因此,需要思考的是,在推广这种外包服务的过程中,如何实现经济效益与生态效益的平衡。笔者以自主防治为参照组,侧重分析防治外包服务与农药投入量、生物农药施用的因果关系,如果防治外包服务更能促进农药的减量施用,并最大程度地减少上述自然风险,才可以以分工理论为基础,建立相对完整独立的理论框架。

鉴于以上论证与思考,为合理推进病虫害防治外包社会化,有必要使用大样本数据进行计量分析,将专业化分工理论作为分析依据,归纳影响服务决策的因素,厘清防治外包服务规模化的适用条件,以及对防治生态效果进行探讨,着重测度病虫害防治外包服务能否减少化学要素的过量施用,分析哪种防治外包模式更有利于田间生境的长期健康和切实保障粮食生产的可持续发展。

# 2 农业防治外包服务相关研究进展

本章从乡村振兴内涵、乡村振兴与农业社会化服务、病虫害化学防治行为、病虫害防治外包服务现状等方面进行文献回顾与述评,最后进行总结性述评。

## 2.1 乡村振兴与农业社会化服务

乡村振兴战略是我国新时代"三农"工作的总抓手。党的十九大提出实施乡村振兴战略以来,各级政府与学者围绕党中央乡村振兴战略的顶层战略部署,在各地展开了诸多探索研究与实践。农业防治社会化服务是通过专业化服务实现规模经营的重要手段,即在不流转土地经营权的情况下,将耕、种、防、收等部分或全部作业环节委托给社会化服务组织,让专业的人干专业的事(张天佐,2020)。在"大国小农"的基本国情下,农业社会化服务可以聚合个体小农需求,共享专业化组织的农机农技优势,让小农户生产融入并参与农业现代化大生产,实现千家万户农业生产过程的专业化、标准化、规模化和集约化,从而实现农业现代化,这符合乡村振兴战略中的产业振兴、生态振兴目标。因此,农业社会化服务是推进农业高质量发展、实现中国特色农业现代化的重要路径。

## 2.1.1　乡村振兴的内涵与历史脉络

我国已实现全面建成小康社会的目标。全国居民人均收入由 2013 年的 18310.8 元增加到 2020 年的 32188.8 元(中国统计年鉴,2021)。回顾我国社会主义现代化、工业化建设进程,广大农民作出了突出贡献,尤其是在新中国成立初期,农业支持工业。有研究表明,1951—1978 年,我国农民为工业化提供的净积累达 4340 亿元(吴敬琏,2018)。到了 20 世纪 80 年代,农村中多数青壮年劳动力进入城市务工,为城市发展提供了稳定的劳动力保障。但城乡之间、农村不同群体之间、不同农村区域之间依然存在较大的发展差距,城乡之间以收入为中心的差距在逐步拉大(刘儒 等,2020;叶兴庆,2022)。1988—1996 年,农村居民人均纯收入由 544.9 元升至近 2000 元,农民收入有了极大提升,然而,1989—1999 年城乡居民收入比值由 2.2 提升至 2.8 左右,城乡之间的差距在波动中逐步拉大(刘儒 等,2020)。不仅如此,农村先后出现农业产业滞后、文化凋敝、"空心村"等现象(黄承伟,2021),加上务农劳动力大规模流失导致农业生产未来"谁来种地,如何种地"的隐忧产生,这些问题约束着农业的高质量发展。

针对上述难题,党的十六届五中全会提出"建设社会主义新农村"的历史任务,强调城乡统筹发展;党的十九大报告中提出实施乡村振兴战略,从全局和战略高度来把握和处理工农关系、城乡关系,即"要坚持农业农村优先发展,按照产业兴旺、生态宜居、乡风文明、治理有效、生活富裕的总要求,建立健全城乡融合发展体制机制和政策体系,加快推进农业农村现代化"。2018 年,中共中央、国务院相继发布《关于实施乡村振兴战略的意见》和《乡村振兴战略规划(2018—2022 年)》,对乡村振兴的总体要求、指导原则、目标任务和实施步骤等做出明确指示。文件中指出,我国发展不平衡不充分问题在乡村最为突出,表现在农产品阶段性供过于求和供给不足并存,农业供给质量亟待提高;农民适应生产力发展和市场竞争的能力不足;农村环境和生态问题比较突出;等等。实施乡村振兴战略,是解决人民日益增长的美好生活需要和不平衡不充分的发展之间的矛盾的必然要求,推动农业全面升级、农村全面进步、农民全面发展,谱写新时代乡村全面振兴新篇章。① 2020年12月,习近平总书记在中央农村工作会议上发表重要讲话,再次强调要把解决好"三农"问题作为全党工作重中之重,举全党全社会之力推动乡村振兴,这是再次在国家战略层面对新时代"三农"工作进行的全面部署。"工业反哺农业,城市支持农村"的体制机制逐步建立,城乡之间的差别和对立得到一定程度的缓解。2022年2月,中共中央、国务院发布《关于做好2022年全面推进乡村振兴重点工作的意见》,强调我国要继续全面推进乡村振兴。同年,党的二十大报告提出,全面推进乡村振兴,坚持农业农村优先发展,坚持城乡融合发展,畅通城乡要素流动。

乡村振兴是脱贫攻坚的接续战略,在脱贫攻坚取得胜利后全面推进乡村振兴,是"三农"工作重心的历史性转移。乡村振兴战略是高质量发展的"压舱石"。不少学者认为,推动乡村振兴,缓解我国城乡发展不平衡问题,扩大中等收入群体规模,可以促进共同富裕的实现,这是服务双循环发展格局的关键,是最大限度激活沉睡要素和激发主体创造性、挖掘发展潜能、形成发展动能的关键(黄承伟,2021;李实,2021)。

### 2.1.2 乡村振兴视角下农业防治外包服务的绿色发展

面对人民群众日益增长的优美生态环境需要和农业、农村资源环境约束,"三农"实践离不开绿色元素。绿色是乡村高质量发展的最美底色,良好

---

① 《中共中央 国务院关于实施乡村振兴战略的意见》[EB/OL]. (2018-01-02)[2023-07-06]. https://www.gov.cn/gongbao/content/2018/content_5266232.htm.

生态是促进农民农村共同富裕的基本支撑。绿色发展是实现"农业强、农村美、农民富"的乡村振兴战略目标的必然选择、必然要求和必由之路(杨世伟,2020),旨在提升土地、能源、资源等要素效率(郑瑞强、郭如良,2021)。习近平总书记指出,要重新审视乡村价值,"乡村不再是单一从事农业的地方,还有重要的生态涵养功能,令人向往的休闲观光功能,独具魅力的文化体验功能",这肯定了乡村空间的生态价值、生计价值和文化价值,为乡村生态振兴筑牢价值根基(张平、王曦晨,2022)。推进乡村绿色发展,要牢固树立和践行绿水青山就是金山银山的理念,全方位、全地域、全过程开展生态环境保护,构建人与自然和谐共生的绿色发展体系。有学者注意到农业防治社会化服务的绿色功能:农业社会化服务有助于生态意识、生态环境的改善,实现乡村振兴中生态宜居的目标(陈湘涛,2021),尤其是有助于农用化学品的减量(应瑞瑶 等,2017;杨高第 等,2020;张梦玲 等,2022)。

## 2.2 农业社会化服务发展的适宜条件

对深化农业社会化服务发展的讨论主要集中在两个方面:一是农业社会化服务产生的影响因素或原因,二是农业社会化服务对其他生产要素的影响。前者中关于农业社会化服务产生的影响因素研究相对较多;后者的相关研究稍显不足,大致可归纳为以下两个方面。

### 2.2.1 农业社会化服务产生的影响因素

(1)需求规模。罗必良(2017)认为,生产性服务的市场容量是诱导农业服务主体生成的关键因素,且市场容量包括了纵向分工中的交易频率与横向分工中的交易密度。部分学者开展了社会化服务需求的研究。由于部分服务内容具有公共品性质,农户对具体的农业社会化服务内容的需求差异很大(孔祥智 等,2010;王钊 等,2015)。与农机作业、信息服务等农业服务内容显著不同,病虫害统防统治具有典型的正外部性(应瑞瑶、徐斌,2014)。王志刚(2011)利用 Logit 模型,分析农户采纳农业生产性服务的因素,认为与通过土地流转实现农业规模经营相比较,通过生产环节的社会化服务更容易实现农业规模经营。李俏和张波(2011)认为农户年龄、经营规模、人均纯收入、是否从事农业生产、区域位置等对农户的农业社会化服务需求具有显著影响,这在 Gillespie 等(2010)和蔡键等(2017)的研究中也得到证实。家庭劳动力的特征、种植规模、经营特征等因素会影响农业外包行为,其中:蔡键等(2017)认为农户经营规模过小的土地资源条件是农户产生农业机械服务外包需求的根本原因。罗明忠等(2019)利用全国 8 省 765 份水稻种植户的调查数据进行分析,认为农业生产要素配置对农机户参与农机社会化服务供给行为有显著影响,务农劳动力人数对农机户提供整地与收割机械服务有正向影响,而务农劳动力兼业比例对农机户提供收割机械的影响显著为负,家庭水田经营规模对农机户提供整地与收割机械有显著负向影响。李荣耀(2015)利用首选项决定法、加权频数法、聚类分析对种苗、农业技术服务、生产资料采购等农业社会化服务的内容进行需求优先级排列。王钊等(2015)建议促进适度的连片种植,这有利于提高农业社会化服务水平。

(2)服务组织。孔祥智(2010)根据生产服务的内容、性质和供给主体分类,论述了建设新型农业社会化服务体系的必要性,提出制度建设、主体建设和市场建设是建立和完善中国新型农业社会化服务体系的主要内容。李俏和张波(2011)提出中国农业社会化服务体系的建立,需要对公益性供给主体进行改革,对市场化供给主体进行规范引导,以及对民间性供给主体给予政策扶持。关锐捷(2012)认为需要加强生产经营组织、农村金融组织、公共监管组织三方的创新来建设新型农业社会化服务体系。谢琳和钟文晶(2016)对崇州市"农业共营制"实践考察,提出土地股份合作社、职业经理人和服务超市等服务组织的成立,可以减少社会化分工的交易成本,在分工自我促进、自我繁殖的推动下,将形成农业社会化分工网络。彭建仿(2017)对农业社会化服务组织之间的关联性进行探讨,得出农业社会化服务供应链的形成路径是从自给自足型服务组织到单纯市场交易型服务组织,再到准一体化(服务供应链)型服务组织。

(3)技术进步。农业社会化服务的产生和发展源于技术上的可分性,技术进步将有助于改善农艺环节的可分性,使同一操作的最适生产规模增大,单位生产成本下降;农技员的技术指导对农户生产环节外包行为有显著影响(龚道广,2000;申红芳 等,2015)。此外,农事活动的可交易性以及质量监督的可考核性使得农业生产的迂回程度随之增加,农业分工空间得到拓展与深化,这些都为农业社会化服务的推广创造了条件(罗必良,2017)。

(4)社会制度。发达的交通、通信设施和信息传播渠道的多元化,可以大大降低农民获取信息的费用;市场体系的健全,市场的充分发育,市场规则的普及可以大大减少谈判、签订合同和监督执行的费用,从而节约交易成本(龚道广,2000)。农户生产性的补贴政策对农户生产环节外包行为有显著影响(申红芳 等,2015)。

上述文献主要对农业社会化服务的本质、服务组织结构、需求意愿、发展路径进行讨论,不难看出,农业社会化服务多元化发展的格局基本形成。现有政策对发展农业生产性服务业的关注力度正逐步加大,主要表现在支持经营性服务主体与拓展经营性服务业务等方面,但相关政策支持的多数服务主体,农业生产性服务大都不是其主业而只是其从事的业务之一,这与农业产业发展要求的专业化分工特点不符(芦千文,2016)。

## 2.2.2 农业社会化服务对其他生产要素的影响

(1)农业社会化服务对土地要素的影响。姜松等(2016)基于 CHIP 数据,实证检验和比较农业社会化服务对土地适度规模经营影响程度和方向,发现不同的服务类型对土地适度规模经营的影响有所差异,如灌溉服务、机耕服务、病虫害防治服务和种植规划服务对土地适度规模经营的影响显著为正,边际影响系数依次递减,但生产资料购买服务和组织劳动力外出服务对土地适度规模经营的影响效应并不显著。刘强和杨万江(2016)认为,生产性服务有助于农户扩大种植面积,且农业生产性服务对大规模农户土地规模经营行为的影响更为显著。杨万江和李琪(2018)认为,接受生产性服务有助于提高各类农户的种植面积,能够缓解种稻劳动力流失对种植面积造成的负面影响,戚迪明等(2015)也得出类似结论。赵晓峰和赵祥云(2018)关注社会化服务对小农经济的影响,提出农地规模流转、培育新型农业经营主体可能损害小农户利益;加强新型农业经营主体社会化服务能力建设,创新其直接服务小农户的有效实现形式,不仅可以发挥村集体的统筹作用,还能够维护小农户的经济利益。罗必良(2019)对我国9个省、区2704份农户抽样调查数据进行实证分析,得出农业服务外包能够显著抑制农户对农地的撂荒行为的结论,提出农业外包服务市场的发育能够显著降低因为土地细碎化而引发的农地撂荒的比例。

(2)农业社会化服务对农民收入与生产效率的影响。陈宏伟和穆月英(2019)基于专业化分工理论,利用环渤海地区设施蔬菜主产区的调研数据,运用内生转换模型,得出农业生产性服务对设施蔬菜种植户收入有显著增收效应。孙顶强等(2016)指出,不同生产环节之间差异较大,整地和播种环节的生产性服务对水稻生产技术效率具有显著的正向影响,而病虫害防治服务对水稻生产技术效率的影响显著为负。杨志海(2019)利用四川、湖北等六个长江流域粮食主产省份的实地调查数据,采用内生转换回归模型,得出农业外包能改善农户经济福利的结论,其中,田间管理环节外包福利效应高于其他生产环节,而播种环节外包的福利效应不显著;从群组差异性来看,决策者受教育水平较高、家庭劳动力数量较多以及种植面积较大的农户获得的经济福利更多。

# 2.3 农业化学防治行为

## 2.3.1 农户生产行为的理论研究

农户生产行为的理论研究学派大致可分为三类：理性小农学派、生存小农学派、历史学派。理性小农学派的主要代表人物舒尔茨（2006）在《改造传统农业》一书中提出：农民与资本企业一样，也是追求利益最大化的主体。他们寻找各种赚取最大收益的可能性机会，并且他们已经实现了现有生产要素的最优配置。波普金在舒尔茨的理论上做了一定的拓展，他的拓展研究中认为小农的行为其实是理性的，他们是为了追求最大利益，在经过长、短期利益的权衡之后，做出合理生产抉择的理性经济人，即农户可以根据政府推出的政策或市场推出的新技术来做出相应合理的经济反应。生存小农学派主要强调农户的生存逻辑，指出农户追求的不是利益的最大化而是生产风险的最小化。恰亚诺夫（1996）在《农民经济组织》一书中提到，当生产资料不足时，农民很可能打破农场活动中诸生产要素的最优组合，强制性地提高劳动强度，通过耕作方式的集约化或采用劳动密集型作物和产品的方式，以降低单位劳动报酬为代价来增加全年农业收入。历史学派的主要代表人物黄宗智提出"商品化小农"理论，指出农户的行为受到市场结构和劳动结构的影响，容易形成某种顽固的、过密化的小农农场。

## 2.3.2 农户采用化学防治行为影响因素的研究

不同学者试图从不同的层面对农户过量施药行为进行解释：一是宏观层面。Pemsl(2006)认为农药的质量问题可能是山东棉农过量施药的原因；Huang 等(2002)认为过量施药的原因可能与中国农业技术推广体制有关，基层农药技术平台可能存在向农户大量销售的激励；杜江（2009）基于1997—2005 年 31 个省、自治区、直辖市的面板数据，根据库兹涅茨假说，实证得出农业增长与农药投入之间存在倒 U 形曲线关系，与化肥投入之间存在倒 N 形曲线关系，农业支持政策与单位面积化肥施用显著正相关，收入差距扩大使农药投入增加的同时对化肥影响不显著。二是微观层面。主要是从农户特征的角度来分析影响施用决策的因素。黄季焜等(2008)、米建伟等(2012)、朱淀(2014)发现农户风险规避程度与农药过量施药存在一定关联，风险规避程度越高的农户会施用越多的农药来避免可能的病虫害损失，且农户对技术信息掌握的程度对过量施药行为也有显著的影响。童霞等(2011)研究得出，分散农户的受教育年限、是否参加政府培训和农户家庭总收入等因素显著地影响其在农药施用各阶段的行为，而农户的家庭种植面积、家庭人口、农户自身性别和年龄等因素在其农药施用不同阶段的影响各不相同。王永强(2013)基于多元排序选择模型研究了影响农民过量配比农药的主要因素，结果表明，果蔬种植农户文化程度、果蔬种植面积和农民风险偏好显著影响农民过量配比农药行为。李红梅等(2007)、魏欣(2012)认为农户文化程度、农户对农药的认知是影响农户施用农药行为的主要因素。周曙东(2013)通过线性模型定量分析得出影响农户施药效率的因素，主要有受教育程度、农业劳动力中男劳动力比重、劳均水稻种植面积、水稻商品化率等。

### 2.3.3 农户化学品施用行为效率的研究

不少学者得出化学品使用效率逐年减少的结论(李季,2001;陈风波,2007;周曙东,2013;朱淀 等,2014)。其中:李季(2001)调查湖北与湖南两地农户的水稻投入与产出情况,发现化肥的投入量在两地并没有随产量增加出现相应增加的趋势,产量低的农户施用农用化学品量不一定低,且普遍存在小规模土地的不经济施药行为。陈风波(2007)利用 CD 函数证明农用化学品的过量使用对水稻产量的影响不显著,但会影响水稻生产经济效益的提高。周曙东(2013)将农户施药效率变量引入农药损失控制生产函数中进行研究。研究结果表明,考虑农户施药效率变量的改进模型拟合精度更高,农药对产量的影响更显著,同时,农户的农药边际产品净收益显著提高,这说明农户施药效率是测算农药生产力的重要变量,而忽略该变量容易导致对农户过量施药程度的过高估计。朱淀等(2014)引入分布函数为指数分布的损害控制模型,研究水稻种植农户施用农药的边际生产率,结论显示农业的边际生产效率接近于 0。

### 2.3.4 评估农户施用行为对生态与生产的影响研究

还有学者关注农业化学品过量投入对环境安全、人员健康的影响问题(李季,2001;蔡荣,2010;韩洪云、蔡书凯,2011)。其中:李季(2001)等评估农用化学品污染的环境成本,得出 1995 年我国与水稻生产相关的农用化学品生产产生的环境成本总计 9.8 亿元,到 2020 年升至 36.2 亿元。黄炳超(2006)、张洪程(2011)、郭明亮(2016)研究农户施用行为对生产的影响,着重关注化学品与病害的因果关系,化学品与产量的因果关系,通过大田试验发现化肥的氮含量增加,水稻病虫害(如稻飞虱、卷叶螟)的危害与植株氮素过分吸收存在正向关系,进而影响产量。

# 2.4 农业防治外包服务现状

农业防治外包服务发展时间相对较短,防治对象从三大粮食作物向经济作物延伸,同时非正式代防代治的服务情况有待进一步调查。就现有文献而言,研究方向大致分为三类。

## 2.4.1 乡村振兴视角下农业防治外包必要性与推广研究

在必要性研究方面,孙少岩和郭扬(2018)针对农业资金短缺和农民融资难、融资贵的问题探讨了土地收益保障贷款策略,认为应健全农业社会化服务体系,推动乡村振兴战略。赵然芬(2018)以健全农业社会化服务体系为抓手,总结了推进河北省乡村振兴的对策与建议,主要措施包括强化能力建设、打造农业服务组织、构建需求导向供给机制。孙久文等(2021)从人口发展角度提出,乡村振兴战略是面向全国乡村居民,同时需要全国相关机构组织和市场主体参与的战略。

在农业防治外包推广研究方面,以定性研究为主。从外包操作现状来看,存在三个方面的问题:一是因气候、品种、土地等,承包防治的风险难以厘清(饶汉宗,2015;袁玉付 等,2012;危朝安,2011;王建强,2014;欧高财,2011;郭跃华,2012),针对专业化防治组织规避防治风险的保险领域是空白的;二是防治队伍的稳定性差,部分作物防治频率低,影响从业人员收入且防治安全风险大,导致防治队伍人员流失(王建强,2014;欧高财,2011);三是防治外包每户作业成本总体上低于自行防治成本(饶汉宗,2015;李丹,2012;徐月华,2015;王建强,2014),但防治外包成本费用优势还不足以吸引散户积极参与(饶汉宗,2015)。

## 2.4.2　参与防治外包服务的影响因素研究

有部分学者认为兼业程度会较大程度地影响农户的防治外包选择。其中:董程成(2012)指出,农户个人特征对其防治外包选择影响并不显著,小规模农户非农就业比重越大,参与统防统治的可能性越高;应瑞瑶(2014)将农户之间的信息传播以及技术模仿和示范的作用纳入空间相关 Probit 模型,得出农户选择病虫害统防统治方式对其周边处于观望状态的农户的选择行为具有示范效应的结论,认为农户个人特征因素对病虫害统防统治服务也有显著的正向影响;张笑等(2017)认为劳动力充足、防治外包带来的产量风险是影响农户参与防治外包服务积极性的主要因素;刘家成等(2019)对农业生产环节外包水平差异的原因进行解释,认为从事农业生产的机会成本,以及农户与专业化供给方相比的劳动生产率差距会增加农户选择外包的概率;孙顶强等(2019)基于风险的视角实证分析农户的风险偏好与生产环节的技术特征对生产环节外包服务需求的影响,认为作业质量监督较难的特征在一定程度上抑制了农户对植保环节外包服务的需求。

## 2.4.3　防治外包服务对其他生产要素的影响研究

有少数学者开始关注防治外包服务对种植生产的影响。张忠军和易中懿(2015)构建了超越对数生产函数,分析了生产环节外包对水稻生产率的影响,发现了不同类型的生产环节外包对水稻生产率影响的差异,其中育秧、病虫害防治等技术密集型环节外包对水稻生产率具有显著的正向影响;应瑞瑶和徐斌(2017)利用倾向匹配得分法,研究水稻防治外包对农药施用强度的影响,发现统防统治在确保产量不减的情况下,可以减少病虫害防治的施药次数,但统防统治对规模种植户的农药次数的减量不如总体样本的效果明显;陈品等(2017)考察防治外包服务对产量的影响;高杨等(2015)运用熵值法对菜农生计资产产值进行测算,进而构建菜农病虫害防治外包绩效模型,发现信任和信息交流是影响菜农病虫害防治外包绩效的关键因素。

不难看出,针对防治外包服务的实证研究相对较少,难以详尽说明外包服务中群体行为差异以及内在原因,有必要基于客观病害规律和分工理论准确选择外包服务推行的目标区域和目标群体。同时,与农田生态相关联的农业防治社会化服务研究还有待深化。

# 2.5 现有研究简要述评

目前,学者们已分别在农户外包环节性质划分、外包环节技术差异、外包环节风险问题等方面展开卓有成效的研究,这些成果将为本书的进一步研究提供有益借鉴,但现有成果可能还存在以下局限性。

首先,基于农户微观调查的防治外包实证分析还比较缺乏,其中实证内容多集中于防治外包意愿的影响因素,且将防治外包服务视为同质性的服务产品,没有完全考察地域物理条件与生产禀赋的异质性对防治外包专业化因果效应的影响。

其次,考虑防治外包服务因果效应的研究还有待进一步补充。纪月清(2015)、应瑞瑶(2017)、陈品等(2017)关注防治外包对农药施用、产量的影响,对防治外包服务观念的认知还停留在统一化学防治的初级阶段,对农户防治决策转移、再集中的认识还不够深刻。事实上,防治决策的再集中有利于绿色防控技术的推广。本书关于外包服务采纳对多样化种植行为影响的观察结论能为后续集成技术的推广提供参考。

最后,在农户植保防治行为研究方面,学者们虽然对化学品的总量投入过剩已达成共识,但对过量化学要素施用的成因缺乏有力阐述,关于解决过量施用行为的实证研究大多数停留在大田试验层面,主要专注于拟合大田试验更为精准的投入量和产量之间的最佳方案。虽然纪月清等(2015)的研究表明,农业劳动力越少,农药施用数量越多,但关于引用防治外包服务模式对化学要素施用的影响研究方面稍显不足。应瑞瑶和徐斌(2017)利用倾向匹配得分法研究防治外包服务对不同规模种植户农药施用的影响,认为对大户的影响不显著。因此,对规模大户过量施用农药的控制不显著的成因有待进一步梳理和论证,有必要深化防治外包与农业专业化分工之间的经济学思考。针对这一主题较少有文献进行深入剖析,目前研究的局限与缺失难以为决策部门提供科学而系统的参考依据,无法适应病虫害防治社会化服务的制度创新。

本书将用大样本数据进行计量分析,基于"斯密定理"与生态农业观点建构分析框架,从土地特征、外包组织化程度、农户生产特征等方面切入,厘清防治外包服务的农户采纳和规模化的适用条件,比较自主防治与防治外包对化学要素施用的影响,估计不同防治外包形式对农药减量的差异,由此来检验农业专业化分工理论在中国情境中的应用情况与解释力,同时为农业服务社会化的推广制度,尤其是后续引导农户的化学品减量提供政策设计依据。

# 3  水稻病虫害发生危害与防治概况

水稻是世界三大粮食作物之一,据联合国粮食及农业组织公布的资料,世界上有 100 多个国家和地区种植水稻,亚洲国家 80％的食物热量源于稻谷(谢联辉,2016)。我国水稻栽培的历史悠久,分布范围广,生产技术突出,以 2018 年为例,我国水稻栽培面积占全国粮食作物总面积的 25.79％,我国稻谷总产量约占谷物总产量的 35％,[①]足以见得水稻在中国粮食生产消费中占有重要的地位。但不可忽视的是,近年来,生态环境恶化,病虫害趋于复杂,不少农民进城务工导致农地抛荒,这些外部环境的不确定因素都增加了水稻生产风险,因此有效把握、判断水稻病虫害防治情势对保障中国粮食安全具有现实意义。本章主要通过描述性统计来归纳和阐述 2008—2017 年我国水稻病害、虫害发生危害的损失程度、防治减灾成效,以及病虫害不同类型防治措施运用的变化。

## 3.1  水稻病虫害发生危害与防治总体成效分析

水稻病虫害防治是水稻生产过程中的重要环节,病虫害危害程度不仅

---

① 国家统计局《关于 2018 年粮食产量的公告》［EB/OL］.(2018-12-14)［2023-08-03］. https://www.stats.gov.cn/sj/zxfb/202302/t20230203_1900173.html.

会关系到粮食产量、品质,而且会最终影响农户的经济收入。水稻在各个生长阶段可能会面临不同的病虫害,例如:分蘖期容易发生稻纹枯病,吸引稻飞虱和螟虫;抽穗期面临发生螟虫虫害;在高温高湿条件下容易发生穗颈瘟;等等。我国各稻区主防的病虫害对象有所不同,以《2018 年水稻重大病虫害防控技术方案》为例,西南稻区重点关注稻瘟病、纹枯病、稻曲病等,北方稻区重点关注二化螟、稻瘟病、纹枯病等,黄淮地区重点防治稻瘟病、纹枯病、稻曲病等[①]。总体而言,我国水稻主要病害包括稻瘟病、水稻纹枯病、水稻白叶枯病等,主要虫害包括二化螟、三化螟、稻纵卷叶螟、稻飞虱等。下文中笔者使用病虫害发生面积、单位面积实损产量来反映危害情况,用挽回产量、防治率和减灾率来说明水稻防治情势,具体指标说明见表 3-1。

表 3-1　水稻防治情势的指标说明

| 指　　标 | 指标说明 |
| --- | --- |
| 发生面积 | 病虫害在某一地区作物生长发育过程中所发生危害的作物面积 |
| 实际损失 | 由于病虫害危害造成一定面积的某种作物在生育期内损失的产量 |
| 单位面积病虫害实际产量损失 | 实际损失/发生面积 |
| 防治面积 | 在某一地区某种作物生长发育过程中,采取植保措施防治病虫害的作物面积 |
| 挽回损失 | 采取植保措施挽回一定播种面积的某种作物在其生育期内因病虫害危害可能损失掉的作物产量 |
| 防治率 | 某一地区某种作物在其生育期内病虫害防治面积与病虫害发生面积之间的比率 |
| 减灾率 | 挽回损失产量/(挽回损失产量+实际损失产量) |

---

① 　全国农技中心关于印发《2018 年水稻重大病虫害防控技术方案》[EB/OL]. (2018-03-13)
[2023-08-03]. http://www.zzys.moa.gov.cn/tzgg/201803/t20180313_6310683.htm.

### 3.1.1 全国及福建省水稻虫害、病害发生危害的时序变化

全国水稻病虫害发生危害时序变化见表 3-2。

**表 3-2 全国水稻病虫害发生危害时序变化**

| 年份/年 | 病虫害发生总面积/万亩次 | 病害发生面积/万亩次 | 虫害发生面积/万亩次 | 每万亩次病害发生面积的实损产量/吨 | 每万亩次虫害发生面积的实损产量/吨 |
|---|---|---|---|---|---|
| 2008 | 170724.95 | 47153.43 | 123571.52 | 42.55 | 25.22 |
| 2009 | 161137.02 | 46635.08 | 114501.94 | 46.10 | 26.01 |
| 2010 | 164249.15 | 47992.09 | 116257.06 | 50.57 | 23.02 |
| 2011 | 145364.18 | 45313.44 | 100050.74 | 43.90 | 23.79 |
| 2012 | 157304.35 | 43720.65 | 113583.7 | 42.17 | 25.29 |
| 2013 | 145205.15 | 40211.24 | 104993.91 | 40.96 | 23.61 |
| 2014 | 140654.33 | 44903.73 | 95750.6 | 46.02 | 23.27 |
| 2015 | 137177.82 | 44159.06 | 93018.76 | 44.02 | 22.45 |
| 2016 | 123584.31 | 39142.94 | 84441.37 | 41.57 | 22.36 |
| 2017 | 120636.54 | 37843.66 | 82792.88 | 40.72 | 21.49 |

数据来源:2008—2017 年《全国植保专业统计资料》,四舍五入保留至小数点后两位。

从表 3-2 中 2008—2017 年水稻病虫害发生危害的宏观数据可以看到,全国水稻病虫害发生的绝对总面积是逐年递减的,病虫害发生总面积由 2008 年的 170724.95 万亩次减少到 2017 年的 120636.54 万亩次。在发生面积方面,以往全国的虫害是明显重于病害的,21 世纪初全国二化螟、三化螟、卷叶螟和稻飞虱发生面积约占水稻病虫害发生总面积的 61%(王艳青,2006),但从表 3-2 中的数据可以看出,2008—2017 年,全国病虫害发生总面积中病害发生面积的比重在持续地上升,这一比重由 2008 年的 27.62% 上

升至 2017 年的 31.37%。值得注意的是,比较病害和虫害导致的单位面积的实际产量损失,可以发现,全国范围内病害导致的实际产量损失远高于虫害。

福建省水稻病虫害发生危害时序变化见表 3-3。福建省水稻病虫害发生危害特征与全国情况大致相似,病害导致的产量损失大于虫害。2008—2017 年,每万亩次病害发生面积的实损产量平均约为 55.29 吨,每万亩次虫害发生面积的实损产量平均值约 39.59 吨。与全国的平均数值(病害损失约为 43.86 吨/万亩次、虫害损失约为 23.65 吨/万亩次)相比,福建省的平均数值更高,反映出福建省病害、虫害对稻谷产量稳定的影响值得重视,特别是虫害造成的产量损失。

表 3-3　福建省水稻病虫害发生危害时序变化

| 年份/年 | 病虫害发生总面积/万亩次 | 病害发生面积/万亩次 | 虫害发生面积/万亩次 | 每万亩次病害发生面积的实损产量/吨 | 每万亩次虫害发生面积的实损产量/吨 |
| --- | --- | --- | --- | --- | --- |
| 2008 | 2417.47 | 733.82 | 1683.65 | 59.65 | 31.89 |
| 2009 | 2195.32 | 668.12 | 1527.2 | 42.40 | 33.50 |
| 2010 | 2369.97 | 897.73 | 1472.24 | 80.87 | 60.63 |
| 2011 | 1895.77 | 671.17 | 1224.6 | 59.67 | 43.69 |
| 2012 | 2039.96 | 694.87 | 1345.09 | 61.38 | 45.38 |
| 2013 | 1905.71 | 650.81 | 1254.9 | 55.86 | 40.48 |
| 2014 | 2004.5 | 688.59 | 1315.91 | 55.72 | 39.07 |
| 2015 | 2105.78 | 751.66 | 1354.12 | 44.48 | 34.36 |
| 2016 | 1911.03 | 700.87 | 1210.16 | 50.70 | 31.70 |
| 2017 | 1694.14 | 608.88 | 1085.26 | 42.15 | 35.24 |

数据来源:2008—2017 年的《全国植保专业统计资料》,四舍五入保留至小数点后两位。

### 3.1.2 全国及福建省水稻病虫害防治率与挽回产量损失的相关性分析

在水稻病虫害防治情况方面,本书利用"防治率"指标说明水稻病害和虫害的防治形势。下面先进行防治率的比较,全国及福建省病虫害防治率与挽回产量损失的分析见表 3-4。

表 3-4  全国及福建省病虫害防治率与挽回产量损失的相关分析

| 年份/年 | 虫害防治 | | | | 病害防治 | | | |
|---|---|---|---|---|---|---|---|---|
| | 福建挽回产量损失/(吨/每万亩次) | 福建防治率 | 全国挽回产量损失/(吨/每万亩次) | 全国防治率 | 福建挽回产量损失/(吨/每万亩次) | 福建防治率 | 全国挽回产量损失/(吨/每万亩次) | 全国防治率 |
| 2008 | 206.59 | 1.45 | 162.43 | 1.42 | 254.83 | 1.40 | 145.42 | 1.86 |
| 2009 | 223.13 | 1.42 | 159.09 | 1.38 | 230.16 | 1.40 | 154.80 | 1.90 |
| 2010 | 231.32 | 1.42 | 154.71 | 1.33 | 214.15 | 1.45 | 151.01 | 1.91 |
| 2011 | 230.84 | 1.40 | 142.79 | 1.38 | 227.55 | 1.46 | 147.56 | 2.00 |
| 2012 | 250.11 | 1.34 | 159.72 | 1.38 | 226.63 | 1.48 | 141.73 | 2.17 |
| 2013 | 227.21 | 1.36 | 153.87 | 1.37 | 225.02 | 1.56 | 158.65 | 1.95 |
| 2014 | 230.96 | 1.35 | 146.41 | 1.37 | 227.79 | 1.48 | 179.32 | 2.00 |
| 2015 | 165.67 | 1.38 | 140.99 | 1.39 | 150.04 | 1.38 | 166.15 | 2.03 |
| 2016 | 157.66 | 1.46 | 131.12 | 1.38 | 147.05 | 1.56 | 145.3 | 2.13 |
| 2017 | 165.52 | 1.42 | 133.89 | 1.36 | 150.92 | 1.61 | 145.11 | 2.07 |
| 相关系数 | −0.54 | | 0.19 | | −0.41 | | −0.22 | |

数据来源:根据 2008—2017 年《全国植保专业统计资料》的相关数据整理计算而得,四舍五入保留至小数点后两位。

由表 3-4 可以看出,2008—2017 年,总体上水稻防控不断加强,水稻病虫害防治率均超过 100%。在虫害防治方面,2008—2017 年,全国虫害防治率平均数约为 1.38,福建虫害防治率平均数约为 1.4;在病害防治方面,2008—2017 年,全国病害防治率平均数约为 2,福建病害防治率平均数约 1.48。可见,在绝对数上,福建与全国病虫害防治率相近。

而后,将"每万亩次虫害防治面积的挽回产量损失"与"虫害防治率"、"每万亩次病害防治面积的挽回产量损失"与"病害防治率"进行相关分析。相关分析主要有三种方法,在这里使用相关系数估计。公式为:$r_{xy} = \dfrac{s_{xy}}{s_x s_y}$,其中 $r_{xy}$ 表示样本相关系数,$s_{xy}$ 表示样本协方差,$s_x$ 表示 $x$ 的样本标准差,$s_y$ 表示 $y$ 的样本标准差。相关系数是反映变量之间关系密切程度的统计指标,取值区间为 1 到 $-1$。1 表示两个变量完全线性相关,$-1$ 表示两个变量完全负相关,0 表示两个变量不相关。以全国范围为例,经计算,全国虫害防治率与每万亩次虫害防治面积的挽回产量损失的相关系数为 0.19,符号为正,这表示虫害防治率增加,挽回稻谷产量损失也会发生同方向增长。也就是说,从全国总体情况上看,随着虫害防治面积的扩大,挽回稻谷产量损失会增加。然而,其他相关系数均为负值,这反映出现阶段全国范围内病害防治工作依然任重道远,如果单纯以扩大防治面积作为增加挽回水稻产量损失的主要手段,可能收效甚微。

## 3.1.3 全国及福建水稻虫害、病害减灾情况

对水稻病虫害防治减灾的判断,本书利用"植保减灾率"这一指标来进行,该指标表示因防治措施而减少的产量损失的比率。图 3-1 为 2008—2017 年全国及福建省植保减灾率。从图中可以看出:2008—2017 年,全国植保减灾率区间范围保持在 0.88~0.89,平均植保减灾率为 88.7%,同时,水稻虫害减灾率与病害减灾率表现相比,前者更高;福建省植保减灾率区间

范围为 0.82～0.90,平均植保减灾率为 86.8%,反映出福建省植保减灾水平略低于全国植保减灾水平。从减灾率变动程度上看,2008—2017 年,全国水稻病虫害减灾情况总体趋于平稳,而福建省病虫害减灾波动程度相对较大,减灾变动幅度为 2%～3%,2015 年以来福建省的水稻病害减灾率出现上升势头。

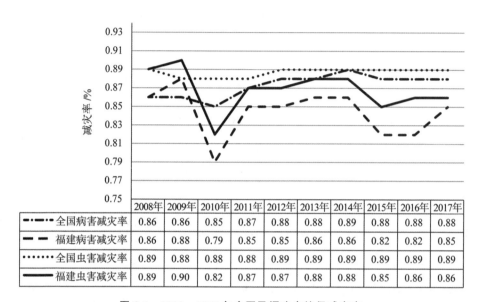

| | 2008年 | 2009年 | 2010年 | 2011年 | 2012年 | 2013年 | 2014年 | 2015年 | 2016年 | 2017年 |
|---|---|---|---|---|---|---|---|---|---|---|
| — · — 全国病害减灾率 | 0.86 | 0.86 | 0.85 | 0.87 | 0.88 | 0.88 | 0.89 | 0.88 | 0.88 | 0.88 |
| — — 福建病害减灾率 | 0.86 | 0.88 | 0.79 | 0.85 | 0.85 | 0.86 | 0.86 | 0.82 | 0.82 | 0.85 |
| ······ 全国虫害减灾率 | 0.89 | 0.88 | 0.88 | 0.88 | 0.89 | 0.89 | 0.89 | 0.89 | 0.89 | 0.89 |
| —— 福建虫害减灾率 | 0.89 | 0.90 | 0.82 | 0.87 | 0.87 | 0.88 | 0.88 | 0.85 | 0.86 | 0.86 |

**图 3-1　2008—2017 年全国及福建省植保减灾率**

数据来源:依据 2008—2017 年《全国植保专业统计资料》的相关数据整理而得,减灾率的计算四舍五入保留至小数点后两位。

## 3.2　水稻病虫害防治措施的应用情况

水稻病虫害防治措施大致分为化学防治、物理防治、生物防治。化学防治主要包括使用化学施药、种子杀毒、土壤处理;物理防治主要包括防虫网、薄膜育苗,可预防稻飞虱和叶蝉传播的水稻病毒病;生物防治指在农业生态系统中利用有益生物或有益生物的代谢物来调节植物的微生物环境,使其有利于寄主而不利于病原物,主要包括以虫治虫、以菌治虫、性信息素治虫等手段,如利用寄生蜂防治稻纵卷叶螟,利用阿维菌、苏云金杆菌防治水稻二化螟、稻纵卷叶螟,利用性引诱剂诱杀二化螟成虫以减轻二化螟钻蛀危害(谢联辉,2013;张绍升,2014)。

## 3.2.1  全国及福建省水稻病虫害不同防治措施的时序变化

依据《全国植保专业统计资料》,全国现有水稻病虫害的防治手段主要是化学防治,但依赖程度逐年递减的趋势较为明显。图 3-2 为 2008 年、2012 年、2017 年全国水稻病虫害防治措施面积比重。2008 年,全国化学防治、物理防治、生物防治三类防治措施总面积为 336763.02 万亩次,其中化学防治面积占总防治面积的 86.32%,物理防治面积占 0.70%,生物防治面积占 12.98%。到了 2012 年,化学防治面积在三类防治总面积中的占比减少了 4.43%,而物理防治和生物防治面积的占比分别增加了 0.78%、3.65%。截至 2017 年,全国三类防治措施累计总面积达到 195001.56 万亩次,其中化学防治面积占总防治面积的 79.68%,物理防治面积占 1.99%,生物防治面积占 18.33%。总体而言,全国现有的水稻防治技术仍然以化学防治为主,但在 2008—2017 年的防治过程中对化学防治的依赖是有所减少的。由图 3-2 可知:化学防治面积的比重逐年缩小,由 2008 年的 86.32% 降低到 2017 年的 79.68%,减少了 6.64%;物理防治措施推广应用的比重略微增长;生物防治面积比重由 2008 年的 12.98% 增加到 2017 年的 18.33%,增加了 5.35%,反映出生物防治措施的应用推广逐步增强。

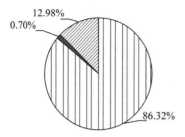

（a）2008年全国水稻病虫害防治措施面积比重

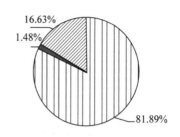

（b）2012年全国水稻病虫害防治措施面积比重

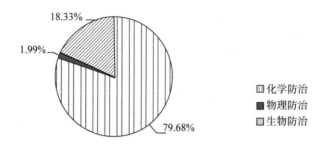

（c）2017年全国水稻病虫害防治措施面积比重

**图 3-2　2008 年、2012 年、2017 年全国水稻病虫害防治措施面积比重**

数据来源:根据2008—2017年《全国植保专业统计资料》的相关数据整理计算而得,四舍五入保留至小数点后两位。

表 3-5 为 2008—2017 年福建水稻病虫害主要防治措施应用的变化。从表中可以看出,福建省水稻防治措施的总体变化趋势与全国情况类似,比较显著的特征在于两个方面:一是对化学防治依赖程度明显降低,2008—2017 年化学防治面积的比重减少了 10.32%,下降幅度大于全国。二是虽然福建省对生物防治技术的应用有待进一步加强,但物理防治技术的推广速度较快,2017 年物理防治面积已达到三类防治措施总面积的 9.92%,高于全国水平约 8 个百分点。

表 3-5　2008—2017 年福建省水稻病虫害主要防治措施应用的变化

| 年份/年 | 化学防治面积比重/% | 物理防治面积比重/% | 生物防治面积比重/% |
|---|---|---|---|
| 2008 | 99.21 | 0.61 | 0.18 |
| 2009 | 91.05 | 0.27 | 8.68 |
| 2010 | 94.44 | 0.07 | 5.50 |
| 2011 | 92.20 | 7.12 | 0.69 |
| 2012 | 91.60 | 7.84 | 0.56 |
| 2013 | 91.87 | 7.76 | 0.37 |
| 2014 | 88.44 | 11.13 | 0.43 |
| 2015 | 91.65 | 7.67 | 0.68 |
| 2016 | 90.43 | 9.00 | 0.56 |
| 2017 | 88.89 | 9.92 | 1.19 |

数据来源:根据 2008—2017 年《全国植保专业统计资料》的相关数据整理计算而得,四舍五入保留至小数点后两位。

## 3.2.2　全国及福建省水稻虫害防治中化学施药情况

对于福建省水稻病虫害防治措施而言,化学防治面积占三类防治措施总面积的比重已由 2008 年的 99.21% 降低到 2017 年的 88.89%,减少了 10.32%(见表 3-5)。2008—2017 年全国及福建省水稻病虫害防治措施中化学施药面积比重见图 3-3。由图 3-3 可知,2008 年福建省对化学施药依赖程度较高,化学施药面积比重的数值偏高,达到 98.98%,但随着物理防治与生物防治面积逐年扩大,化学施药面积比重的减小幅度还是较大的,达到 19.77%,高于全国减幅水平。

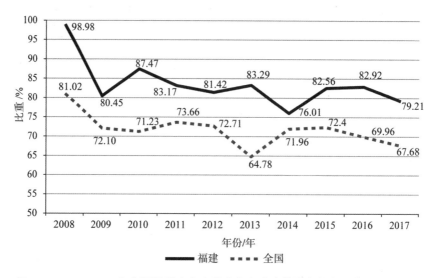

**图 3-3   2008—2017 年全国及福建省水稻病虫害防治措施中化学施药的面积比重**

*数据来源:根据 2008—2017 年《全国植保专业统计资料》的相关数据整理计算而得。*

### 3.2.3   全国及福建省水稻病虫害防治组织的发展

表 3-6 为 2012—2017 年福建省、全国病虫害专业化防治组织数量。表 3-7 为 2012—2017 年福建省、全国水稻专业化统防统治面积。表 3-6 和表 3-7 的数据显示:从全国宏观数据来看,2012 年以来,全国病虫害专业化防治组织数量逐年增加,由 2012 年的 19906 个增加到 2017 年的 27397 个。同时,水稻专业化统防统治面积也呈现逐年增长的趋势。截至 2017 年,水稻专业化统防统治面积约为 24291.19 万亩次,平均增长率约为 13.93%。

尽管福建省专业化防治组织数量波动幅度较大(2017 年专业化防治组织数量为 184 个),但水稻专业化统防统治面积逐年扩大,其增长速度高于全国水平。截至 2017 年,福建水稻专业化统防统治面积约为 116.24 万亩次,2012—2017 年的年平均增长率约为 19.62%。就作业范围而言,根据笔者的调研,已逐步扩展到三明、龙岩、南平、漳州、泉州等地市,且服务机械类型多样,包括担架式动力喷雾机、风送式远程喷雾机、植保无人机,尤其是植保无人机的使用日渐被农户所接受,其工作效率是人工喷洒的数十倍,每分钟能完成1~2亩水田的喷药作业,已成为三明、南平、龙岩地区水稻病虫害防治外包服务的主力机型。

表3-6　2012—2017年福建省、全国病虫害专业化防治组织数量

单位:个

| 年份 | 2012年 | 2013年 | 2014年 | 2015年 | 2016年 | 2017年 |
| --- | --- | --- | --- | --- | --- | --- |
| 福建省 | 170 | 199 | 124 | 160 | 145 | 184 |
| 全国 | 19906 | 19093 | 19120 | 20772 | 27675 | 27397 |

数据来源:2008—2017年《全国植保专业统计资料》。

表3-7　2012—2017年福建省、全国水稻专业化统防统治面积

单位:亩次

| 年份 | 2012年 | 2013年 | 2014年 | 2015年 | 2016年 | 2017年 |
| --- | --- | --- | --- | --- | --- | --- |
| 福建省 | 533939.42 | 1124632.12 | 817471.7 | 906194.03 | 751201.63 | 1162368.34 |
| 全国 | 134041201.3 | 169324736.2 | 150585087.7 | 151696919.8 | 179588871.8 | 242911948.8 |

数据来源:2008—2017年《全国植保专业统计资料》。

# 3.3　小结

通过对《全国植保专业统计资料》数据的描述性统计分析,可得出以下主要结论。

首先,在危害与防治成效方面,全国范围内病虫害实际发生总面积是逐年减小的,但需要注意的是,病害发生面积虽然小于虫害发生面积,但病害发生面积在病虫害发生总面积中的占比在逐年增加,且单位面积内实际造

成的产量损失也大于虫害。同时,福建省水稻病虫害导致的产量损失要高于全国水平,尤其需要重视虫害对粮食产量稳定的威胁。

其次,对水稻病虫害防治率与挽回产量损失进行相关性分析,相关系数为负,意味着现阶段若单纯依靠扩大防治面积来减少病虫害带来的产量损失问题,其成效有限。从全国范围来看,总体上水稻虫害的减灾表现优于水稻病害;从福建省来看,近年来,虽然福建对虫灾的防控能力有所上升,但植保减灾水平仍略低于全国的植保减灾水平,因此福建省在水稻防治工作方面仍有进步的空间。

再次,在水稻病虫害防治措施方面,虽然现在全国对水稻病虫害的防治仍以化学防治为主,但生物防治、物理防治面积占三类防治措施总面积的比重在不断增大,尤其是生物防治应用推广速度明显增加。福建省内防治措施变化情况与全国趋势略有不同,化学防治面积比重也在逐步降低,物理防治推广速度明显更快。

最后,在水稻病虫害防治组织发展方面,福建省病虫害防治组织不断壮大,水稻专业化防治面积也逐年增加,2012—2017 年,水稻统防统治服务面积的年平均增长率达到 19.62%,高于全国水平。

# 4　福建省水稻防治外包服务的微观调查

## 4.1　福建省水稻防治外包服务的政策背景

　　1983 年,中央 1 号文件提出了"农业社会化服务"概念。2013 年,中央农村工作会议指出"要加快构建以农户家庭经营为基础、合作与联合为纽带、社会化服务为支撑的立体式复合型现代农业经营体系"。2017 年,党的十九大报告中再次指出"健全农业社会化服务体系,实现小农户和现代农业发展有机衔接"。2018 年,我国农业生产托管服务面积达到 13.84 亿亩次,比上年增长 50%;服务企业、农民合作社、集体经济组织、农业企业等多元化服务主体达 37 万个。[①]

　　福建省在 2007 年就开始进行水稻防治外包服务局部试点;2010 年,福建省积极响应中华人民共和国农业部启动的农作物病虫害专业化统防统治"百千万工程"示范项目,到 2012 年病虫害专业化防治初见规模,统防统治示范县市由 2007 年的 15 个增加到 42 个[②],但当时专业化统防统治组织的发展还处于起步阶段,防治服务内容以专业协会互助型服务、村集体应急防

---

①　农业农村部副部长韩俊在全国农业社会化服务工作现场推进上的讲话[EB/OL].
　　(2019-09-26)[2023-08-25]. https://nynct. henan. gov. cn/2019/09-26/956142. html.
②　佚名. 福建病虫害专业化统防统治示范县增至 42 个[J]. 福建稻麦科技,2012,30(2):1.

治服务为主。2013 年,福建省农业厅安排专项资金对专业化统防统治服务组织进行补助,对购置大中型先进、适用、高效植保喷雾机械的组织给予补贴,补贴标准为不超过实付购机金额的 50%(邱英东、应德文,2013),用于提高防治组织的机械化服务水平。2015 年,福建省人民政府公布《福建省人民政府办公厅下达 2015 年粮食生产指导性计划的通知》(闽政办〔2015〕9 号),文件中提到"推行合作式、订单式、托管式、承包式等服务模式,鼓励和支持新型经营主体从事水稻生产耕种收全程机械化服务,开展专业化集中育秧、专业化病虫害统防统治等农业社会化服务",以及"加大病虫害专业化统防统治等关键增产技术推广"。2016—2017 年,《福建省财政厅 福建省农业厅关于下达 2016 年水稻生产全程社会化服务试点项目资金的通知》(闽财农指〔2016〕150 号)、《福建省农业厅办公室关于印发 2017 年福建省种植业工作要点的通知》(闽农厅办〔2017〕16 号)发布,提出扶持、培养新型农业社会化服务组织;大力推进病虫害专业化统防统治,力争实现全年统防统治面积500 万亩次以上;扶持发展病虫防治专业化服务组织,在长汀等 36 个县各培植 1 个以上年防治面积超万亩的病虫害统防统治服务组织。

表 4-1 为 2013—2019 年福建省出台的水稻病虫害防治外包主要政策汇总。从表中可以看出:2018 年,在开展农药使用量零增长减量化行动的背景下,政策重点由壮大专业化防治组织"硬件"实力转向强调提升专业化防治组织"软实力",即强化防治外包组织对绿色防治技术的运用。例如,福建省财政厅、福建省农业农村厅提前发布《关于提前下达 2018 年中央财政农作物病虫害防治经费的通知》(闽财农指〔2017〕169 号),重点指向农作物病虫害绿色防控与统防统治融合示范推广项目,要求经费用于各地示范项目推广,且对病虫害防治经费有明确的绩效目标,如在生态效益方面要求农药使用量减少 7%。同时,福建省植保植检总站于 2018 年发布《福建省农作物病虫害绿色防控与专业化统防统治融合工作方案》,提出"2018 年全省计划实现主要农作物病虫害专业化统防统治覆盖率达到全年病虫害防治总面积

38％、绿色防控覆盖率达到全年病虫害防治总面积 29％的目标任务，并在闽侯、闽清、永泰等 50 个县（市、区）开展农作物病虫害绿色防控与专业化统防统治融合示范工作；示范县水稻病虫绿色防控核心示范区面积不少于 500 亩，辐射面积不少于 10000 亩次"。这些政策的出台使得专业化统防统治内涵更加丰富，方式也更加灵活，包括代工带药防治、生长季内的按次代工防治和整个生长季的全程承包防治等。2019 年，《福建省财政厅 农业农村厅关于下达 2019 年中央财政农作物病虫害防治经费的通知》（闽财农指〔2019〕17 号）、《福建省植保植检总站关于印发〈2019 年福建省植保植检重点工作安排〉的通知》（闽植保〔2019〕1 号）发布，要求"全年统防统治应用面积超过 1000 万亩次以上，覆盖率达到 39％""统防统治组织由政策扶持向市场经营转变""举办病虫害专业化统防统治培训班，加强组织领头人培训"。

表 4-1　2013—2019 年福建省出台的水稻病虫害防治外包主要政策汇总

| 年份 | 政策文件 | 主要内容 |
|---|---|---|
| 2013 年 | 省委、省政府《关于加快推进现代农业发展的若干意见》（闽委发〔2013〕9 号） | 购置大中型先进、适用、高效植保喷雾机械给予补贴，提高专业化防治组织的机械化水平 |
| 2015 年 | 省政府公布《福建省人民政府办公厅下达 2015 年粮食生产指导性计划的通知》（闽政办〔2015〕9 号） | 强调多样化服务模式，推广合作式、订单式、托管式、承包式等服务模式 |
| 2016 年 | 《福建省财政厅 福建省农业厅关于下达 2016 年水稻生产全程社会化服务试点项目资金的通知》（闽财农指〔2016〕150 号） | 对社会化服务组织给予防治补贴 |
| 2017 年 | 《福建省农业厅办公室关于印发 2017 年福建省种植业工作要点的通知》（闽农厅办〔2017〕16 号） | 对社会化服务组织给予资金补贴 |

续表

| 年份 | 政策文件 | 主要内容 |
|---|---|---|
| 2018 年 | 福建省植保植检总站下达《福建省农作物病虫害绿色防控与专业化统防统治融合工作方案》<br>福建省财政厅、福建省农业农村厅《关于提前下达2018 年中央财政农作物病虫害防治经费的通知》（闽财农指〔2017〕169 号） | 强调绿色防控与专业化统防统治融合 |
| 2019 年 | 《福建省财政厅、农业农村厅关于下达 2019 年中央财政农作物病虫害防治经费的通知》（闽财农指〔2019〕17 号）、《2019 年福建省植保植检重点工作安排》的通知（闽植保〔2019〕1 号） | 水稻病虫害专业化组织的人员培训 |

资料来源：2012—2013 年、2015—2019 年福建省政府、福建省农业农村厅（原农业厅）、福建省财政厅等部门公布的规范性政策文件。

# 4.2  数据来源与样本特征

## 4.2.1  数据来源

本书主要采用的调研方法是分层抽样法，在调研区域选择方面，主要综合考虑两方面因素：一是根据福建省各地级市的统计年鉴，选择福建省内水稻生产种植面积较大的地区；二是按照《福建省人民政府关于建立水稻生产功能区的实施意见》这一文件的规定，水稻生产功能区范围内执行永久基本农田管理，任何单位、个人不得擅自占用或改变用途，因此选择被纳入水稻生产功能区目录的地区。最终确定 10 个县作为调研地区，且每个县抽取两个镇，每镇抽取两个村，合计 40 个村，以确保调研地区水稻生产种植的代表性。调研区域具体见表 4-2（由于篇幅限制，表中未列村一级的区域）。

表 4-2　福建省水稻病虫害防治情况调研区域汇总

| 市 | 区（县） | 乡（镇） | |
|---|---|---|---|
| 南平 | 邵武 | 洪墩镇 | 拿口镇 |
| | 建阳 | 将口镇 | 崇雒乡 |
| 三明 | 建宁 | 里心镇 | 溪口镇 |
| | 尤溪 | 洋中镇 | 溪尾乡 |
| 龙岩 | 上杭 | 中都镇 | 庐丰乡 |
| | 长汀 | 馆前镇 | 童坊镇 |
| 漳州 | 漳浦 | 赤湖镇 | 石榴镇 |
| | 龙海 | 东泗乡 | 九湖镇 |
| 泉州 | 永春 | 达埔镇 | 蓬壶镇 |
| | 南安 | 码头镇 | 英都镇 |

根据调查目标,问卷调查内容大致分为三个部分:第一部分是针对农户问卷调查,涉及生产决策者个人特征、就业状况、家庭层面的生产经营情况、生产要素投入产出、土地特征、田间防治信息、防治外包意愿等;第二部分是防治组织基本信息,包括防治组织属性与规模、防治组织机械类型、人员培训、防治费用;第三部分是村庄基本情况调查,包括村庄土地、农业政策等。这些调查内容为本书的实证部分打下了基础。

综上,数据来源为2018—2019年笔者对上述40个村的水稻防治情况的调研。为了更好地了解村庄的水稻病虫害防治情况,问卷发放给每村的15户(个别村调查12户、13户或14户),共计发放问卷600份,实际回收有效问卷537份,有效率约为89.5%。

## 4.2.2 样本总体特征

总体样本情况(见表 4-3)如下:(1)农户个人特征方面,受访者大多为中年,平均年龄在 52 岁左右,平均受教育年限约 7 年,平均务农经验约 30 年,有 43% 的农户参与非农工作;(2)农户家庭特征方面,务农劳动力数量占家庭人口的比重平均为 56%,样本中有 38% 的农户有合作社成员,有 8% 的农户有村干部;(3)农户生产经营特征方面,平均水稻种植面积为 31.06 亩,有 60% 的家庭种植水稻的目的是销售,水稻种植收入占家庭收入的比重平均为 55%;(4)在 537 份调查样本中有 203 户农户参与病虫害防治外包服务,约占总样本数的 37.8%。

表 4-3　总体样本情况

|  | 均值 | 标准差 | 最小值 | 最大值 |
| --- | --- | --- | --- | --- |
| 农户个人特征 |  |  |  |  |
| 　年龄/岁 | 52.12 | 9.82 | 22 | 81 |
| 　受教育程度/年 | 6.99 | 3.23 | 0 | 16 |
| 　务农经验/年 | 29.93 | 12.89 | 1 | 64 |
| 　兼业比重 | 0.43 | 0.50 | 0 | 1 |
| 农户家庭特征 |  |  |  |  |
| 　农业劳动力占家庭人口比重 | 0.56 | 0.23 | 0.13 | 1 |
| 　农户有合作社成员比重 | 0.38 | 0.49 | 0 | 1 |
| 　农户有村干部比重 | 0.08 | 0.27 | 0 | 1 |
| 农户生产经营特征 |  |  |  |  |
| 　水稻种植面积/亩 | 31.06 | 66.91 | 0.2 | 869 |
| 种植收入占家庭收入比重 | 0.55 | 0.36 | 0.01 | 1 |
| 稻谷商品化程度 | 0.60 | 0.40 | 0 | 1 |

注:数据四舍五入,保留至小数点后两位。

### 4.2.3　水稻非防治外包与防治外包农户的生产特征比较

在 537 户总样本中,有 334 户(约占 62.2%)农户对病虫害采用自主防治(即非防治外包)方式,剩余 203 户(约 37.8%)农户采取防治外包的方式。对非防治外包农户与防治外包农户的特征进行比较,可以发现:两者在种植面积、防治面积、单位面积产量、种植收入占家庭收入比重、年龄、受教育程度、产值、病虫害发生面积比重以及土地细碎化程度等方面存在显著差异。

表 4-4 为水稻防治外包与非防治外包农户的生产特征比较。具体而言,防治外包的农户平均种植规模为 53.34 亩,非防治外包农户平均种植规模 17.52 亩,两者在种植规模上存在显著差异。在决策者与家庭特征方面,两者家庭务农人数基本相当,防治外包农户与非防治外包农户相比,平均年龄较小,受教育程度相对较低;在经济效益方面,防治外包农户的平均单位面积产量为 1015.34 斤/亩,平均生产产值达到 55173.46 元,均高于非防治外包农户。

**表 4-4　水稻非防治外包与防治外包农户的生产特征比较**

| 变量 | 平均值 | | T 检验 $P>\lvert t\rvert$ |
|---|---|---|---|
| | 非防治外包农户 | 防治外包农户 | |
| 经济数据 | | | |
| 种植面积/亩 | 17.52 | 53.34 | *** |
| 植保机械价值/元 | 1495.99 | 2462.27 | 0.1767 |
| 病虫害防治面积/亩 | 17.55 | 52.62 | *** |
| 单位面积产量(斤/亩) | 943.88<br>(N=314,剔除建宁) | 1015.34<br>(N=163,剔除建宁) | *** |
| 生产产值 /元 | 25644.07 | 55173.46 | *** |

续表

| 变量 | 平均值 | | T 检验 $P>|t|$ |
|---|---|---|---|
| | 非防治外包农户 | 防治外包农户 | |
| 种植收入占家庭收入比重/% | 44.62 | 70.92 | *** |
| 决策者与家庭特征 | | | |
| 年龄/岁 | 52.80 | 50.99 | ** |
| 务农经验/年 | 30.58 | 28.86 | 0.1325 |
| 非农工作天数/天 | 86.33 | 38.45 | *** |
| 家庭务农人数/人 | 2.89 | 2.88 | 0.9573 |
| 家庭老龄化程度/% | 14.14 | 11.61 | 0.1131 |
| 水稻遭受病虫害面积比重/% | 25.05 | 20.29 | ** |
| 土地类型 | | | |
| 洼地/% | 13.77 | 9.85 | |
| 平地/% | 38.92 | 30.54 | |
| 丘陵/% | 47.31 | 59.61 | |
| 平均地块大小/亩 | 4.04 | 8.01 | *** |
| 农户数量/户 | 334 | 203 | |

注:数据是笔者2018—2019年对福建省水稻农户防治情况调查所得。其中,调研地点建宁县为全国水稻制种示范中心。考虑到制种在防治环节的农艺技术有所差别,因此计算单位面积产量指标时补充剔除建宁产区的情况,同时补充生产产值方面的制种生产产值与稻谷生产产值的情况。最后一列是 T 检验的零假设,即在两个样本的均值是相等的。

**、***分别表示5%、1%的显著性水平。

## 4.3　福建省水稻病虫害外包服务的基本情况

下面利用2018—2019年对福建省内10个县市水稻防治的调研数据,从农户、外包组织、政府三个视角阐述目前福建省水稻病虫害防治外包服务的情况。

## 4.3.1 农户参与水稻病虫害防治外包决策行为的特征分析

(一)参与水稻病虫害防治外包农户特征

(1)农户个人特征

主要观测参与防治外包群体在不同年龄、教育年限以及务农经验各阶段决策的分布情况,将农户的年龄段、受教育年限、务农经验分为 5 个层次进行考察。相关数据详见表 4-5。

在年龄分布方面,农户年龄与防治外包采纳率呈现倒 U 形关系,30 岁以下(含)与 60 岁以上(含)的外包参与度较低,41~60 岁的中年农户对水稻防治外包服务的接受度更高。

在受教育年限分布方面,防治外包群体中有 84.24% 的农户受教育年限在 9 年及以下,受教育年限在 10~12 年的占 13.79%,受教育年限在 13 年以上(含)的仅占 1.97%。总体上,受教育年限与防治外包服务参与度呈负相关。

在务农经验分布方面,农户务农经验与防治外包采纳率呈现倒 U 形关系,务农经验在 10 年以下(含)与 41 年以上(含)的农户外包参与度相对较低,务农经验处在其他区间范围内的农户对防治外包服务参与度的差距相对较小。

**表 4-5 农户个人特征**

| 序号 | 年龄分段 | 不同年龄段的外包比例 | 受教育年限分段 | 不同受教育年限的外包比例 | 务农经验分段 | 不同务农经验的外包比例 |
|---|---|---|---|---|---|---|
| 1 | ≤30 岁 | 0.49% | ≤6 年 | 38.42% | ≤10 年 | 12.32% |

续表

| 序号 | 年龄分段 | 不同年龄段的外包比例 | 受教育年限分段 | 不同受教育年限的外包比例 | 务农经验分段 | 不同务农经验的外包比例 |
|---|---|---|---|---|---|---|
| 2 | 31～40 岁 | 13.30% | 7～9 年 | 45.82% | 11～20 年 | 16.26% |
| 3 | 41～50 岁 | 33.01% | 10～12 年 | 13.79% | 21～30 年 | 28.57% |
| 4 | 51～60 岁 | 39.90% | 13～15 年 | 0.49% | 31～40 年 | 30.05% |
| 5 | ≥61 岁 | 13.30% | ≥16 年 | 1.48% | ≥41 年 | 12.80% |
| 合计 | | 100% | | 100% | | 100% |

数据来源:根据 2018—2019 年福建省水稻病虫害防治调研数据整理而得。

(2)农户生产经营特征

农户生产经营特征见表 4-6。在种植规模方面,购买外包服务的农户的种植规模在其所在村庄中相对较大,种植面积为 6～30 亩的农户参与比重最大达到 40.89%;外包农户的平均种植规模约 53.34 亩。从数据上看,防治外包更吸引种植规模中等的农户,种植规模在 51 亩以上(含)的农户较少购买防治外包服务。可能的原因在于,这些规模户自身配套了高效率的防治设备,已能满足日常防治需求,使得防治外包效率优势对其的吸引力相对较小。同时,规模户一般还有防治外包组织的身份,而不是被服务的对象。可见,防治外包服务更能吸引中等规模农户的参与。

在种植收入方面,种植收入占家庭收入的 80% 以上的农户群体更愿意参与防治外包服务。

表 4-6　不同种植规模的水稻病虫害防治外包参与比例

| 序号 | 种植规模分段 | 不同种植规模的外包比例 | 种植收入比重分段 | 不同种植收入的外包比例 |
|---|---|---|---|---|
| 1 | ≤5 亩 | 12.32% | ≤0.2 | 12.31% |
| 2 | 6～30 亩 | 40.89% | 0.3～0.4 | 9.85% |
| 3 | 31～50 亩 | 22.17% | 0.5～0.6 | 12.32% |

续表

| 序号 | 种植规模分段 | 不同种植规模的外包比例 | 种植收入比重分段 | 不同种植收入的外包比例 |
|---|---|---|---|---|
| 4 | 51～70 亩 | 7.39％ | 0.7～0.8 | 18.23％ |
| 5 | 70 亩以上 | 17.23％ | 0.8 以上 | 47.29％ |
| 合计 | | 100％ | | 100％ |

数据来源:根据 2018—2019 年福建省水稻病虫害防治调研数据整理而得。

### (二)农户参与水稻病虫害防治外包的原因

在调研样本中,农户参与防治外包服务的主要原因如下:50.64％的农户参与防治外包服务的目的是"提高劳动效率",且采用防治外包的规模户平均能节省 10.5 天的工作日,尤其是在防治外包中采用植保无人机,能极大提高防治作业能力。有 26.38％农户是为了"节约农药费用",7.77％的农户是为了"减少植保机械的购买",6.81％的农户是为了"避免病虫害损失",还有 8.4％的农户是为了"诊断准确且防治专业"而参与防治外包。具体见图 4-1。

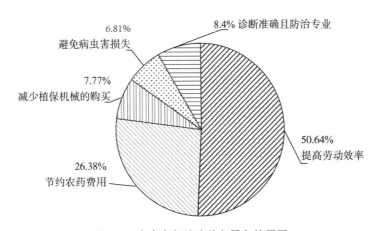

**图 4-1　农户参与防治外包服务的原因**

数据来源:根据 2018—2019 年福建省水稻病虫害防治调研数据整理而得。

## 4.3.2　水稻专业化防治外包组织的运营特点

福建省防治服务组织的多样化,不仅体现在市场上有不同组织性质的防治公司,还体现在一家防治组织可能兼具多种农业生产背景,防治队伍负责人可以是当地合作社的带头人或本地农机、农资公司经理,且防治组织服务范围基本实现县域内跨镇防治,这反映出防治公司在农业生产其他环节的上下游延伸与产业集聚的势头,有利于农业一体化服务。同时,防治服务作物对象不仅局限于水稻,还延伸至蔬菜、烟叶、果树等。

图 4-2 为农户购买病虫害防治外包服务项目的类型。购买防治外包服务的共 203 户农户,除购买基本的喷洒农药服务项目外,有 47 户农户还购买种子杀毒服务,占总数的 23.15％,有 46 户农户还购买病虫测报服务,占总数的 22.66％;有 27 户农户还购买喷洒化肥服务,占总数的 13.30％。

防治外包组织的多重农业属性,加速了农业生产环节上下游的合并,同时增强了防治外包服务内容的丰富性,克服了早期外包组织因防治作物单一、防治次数有限而出现的盈利难问题,为未来农业一体化服务创造了条件。

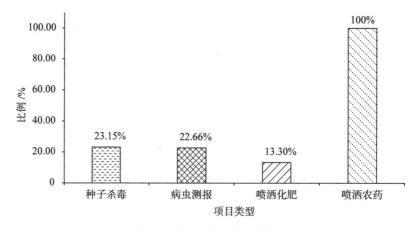

**图 4-2　农户购买病虫害防治外包服务项目的类型**

数据来源:根据 2018—2019 年福建省水稻病虫害防治调研数据整理而得。

### 4.3.3 防治外包服务过程中的政府功能

政府在福建省水稻防治外包推广过程所起到积极作用,主要体现在三个方面:一是协调作用,植保农技站以介绍人角色来协调防治公司与农户之间的需求,通过行政资源整合农户防治要求,同时牵头防治组织,以此减少双方的交易成本。在笔者调查的 203 户农户中,有 36.45% 的农户是依靠当地农技站或植保站联系到外包组织的,最终达成服务协议。但值得注意的是,现有的很多防治组织与农户的防治契约缺乏规范性,涉及较少的防治风险条款甚至缺失,多数口头协议会影响后期政府作为协调者的行政成本等。二是引导作用,政府使用专项财政资金,以补贴方式吸引农户加入防治社会化服务中,在笔者调查的外包农户中,有 74.87% 的农户享受防治外包的政府补贴,补贴额度因地区、防治方式的不同而略微有所差异,平均补贴额度为 28.34 元/亩。三是整合作用,将防治社会化服务与绿色防控资源相结合,2017 年福建省推进统防统治与绿色防控融合示范项目,笔者在调查中发现部分农户租赁外包组织的灭虫灯来进行虫害防控。

## 4.4 小结

首先,在参与防治外包的农户方面,中等规模的农户更愿意参与防治外包服务,而种植规模在 51 亩以上(含)的农户参与防治外包的程度相对有限,可能的原因在于这些规模户或本身就配套高效率的防治设备,防治外包的效率优势对其吸引力较小。农户参与防治外包服务的主要原因是提高劳动效率、减少人力投入以及节省防治费用等。

其次,在防治组织运营方面,福建省内不少防治组织具有多重农业属性,防治组织负责人同时也拥有农资公司、农机公司或合作社背景,这使得防治资源呈现出向农业生产链上下游延伸与水平集聚的势头,有利于未来农业一体化服务的开展。

最后,政府在省内推广水稻防治外包过程中起到积极作用,如建构防治供需双方平台、发放补贴引导农户参与以及加强绿色防治技术整合。

# 5 水稻防治外包服务响应与防治规模的实证分析

## 5.1 水稻防治外包服务决策的经济学分析

病虫害防治外包服务可以看作是农户对防治方式决策的选择,本书将致力于构建一个农业技术采纳决策模型并展开分析。在经济理论框架下,农业技术采用的依据是期望效用最大化或预期利润最大化。早期研究关注的是新技术本身的边际收益与边际成本的比较,孔祥智(2004)认为,即使一项新技术的预期边际收益大于 0,其也不一定是生产者的最优选择。他强调,一项新技术是否被采纳要看预期技术净收益与原有技术净收益的比较结果,只有前者大于后者,生产者才会选择新技术。有不少学者认为,人的决策理念也许不一定是追求利润最大化,而是风险最小化。风险被认为是减少革新性技术采用的主要影响因素(Jensen,1982;Liu and Huang,2013)。生产者的风险溢价会影响到生产资源的配给与产出决定。Phoebe(2006)认为人们对采用任何农业技术的顾虑主要来自两个方面:(1)采用后对未来农业产量形成的风险;(2)与农业技术本身有关的产品或成本风险。本书借鉴Phoebe(2006)的理论模型,对农户采用防治外包服务的条件进行推导。

首先,建构农户收益期望效用最大化的表达式:

$$\max E[U(\Pi)] = \max \int U\{p \cdot f[h(\partial) \cdot T \cdot X_C, X_{-C}] - rm\}$$

在这个表达式中，$p$ 代表产出价格，$f(\cdot)$ 为单产的生产函数。在 $f(\cdot)$ 中，$X_C$ 为防治投入方式，考虑到不同农户选择方式不同，系数 $h(\partial)$ 代表农户禀赋特征，同时笔者假设病虫害防治直接关系到产量大小，不同防治技术水平的高低会影响产量，用 $T$ 表示技术水平，$r$ 表示单位生产成本，$m$ 表示种植规模，$X_{-C}$ 表示除防治技术以外的生产要素投入。

其次，建构传统防治的期望效用表达式：

$$\max E[U(\Pi^0)] = \int U\{p \cdot f[h(\partial) \cdot T \cdot X_C^0, X_{-C}^0] - r_0 m\}$$

最后，建立防治外包的期望效用表达式：

$$\max E[U(\Pi^1)] = \int U\{p \cdot f[h(\partial) \cdot T \cdot X_C^1, X_{-C}^1] - r_1 m\}$$

只有 $\max E[U(\Pi^1)] > \max E[U(\Pi^0)]$，农户才会选择防治外包服务。

从上述分析可以看出农户是否选择防治外包服务可能受到农户禀赋特征、生产特征、种植规模、外包组织要素等因素的影响。


## 5.2  基于 Heckman 选择模型的水稻防治外包服务决策模型

Heckman 选择模型由 2000 年诺贝尔经济学奖的获得者 James J. Heckman 提出，由于可以解决决策过程中的自选择干扰问题，许多学者将其作为分析主体行为决策的有效工具。通常，主体行为决策分为两个部分：第一部分是主体对某个行为的意愿、态度、响应，第二部分是主体的执行程度。目前，不少学者运用 Heckman 选择模型研究农业技术模式采纳、民生消费决策问题。农户防治外包的选择可以看作是两阶段决策过程的有机结合:第一阶段为农户决定是否参与病虫害防治外包;第二阶段为农户在决定参与病虫害防治外包基础上对防治面积作出的决策。农户的决策并不是一个随机决定,影响他们是否参与防治外包的因素有一些是不可观测的,如劳作能力,同时,这些因素也会影响他们的防治外包面积决策。也就是说,决策作为自变量,存在自选择所导致的内生问题。因此,需要采用 Heckman 选择模型,分析水稻病虫害防治决策中外包服务响应与防治规模的影响因素,减少选择性偏误,增加结论的可信度。

## 5.2.1 Heckman 选择模型设定

本书的 Heckman 选择模型包含两个阶段:第一阶段为农户是否参与病虫害防治外包;第二阶段是农户在参与基础上对防治外包面积作出的决策。也就是说,该模型包括一个 $y_1$ 的选择方程和一个 $y_2$ 的相关结果方程;只有当 $y_1^* > 0$ 时,$y_2$ 才被观测到,而当 $y_1^* \leqslant 0$ 时,$y_2$ 不取任何值。总体逻辑思路如下。

首先,建立农户病虫害防治外包的响应模型(1),以"是否选择防治外包"作为因变量来构建响应概率方程,即用影响因素对 537 个样本进行 Probit 估计,以确定影响农户参与防治外包行为的影响因素。响应模型(1)具体表示为:

$$y_i = \beta \boldsymbol{x}_i + \varepsilon_i (i = 1, 2, 3 \cdots n) \tag{1}$$

其中:$y_i$ 表示农户选择发生防治行为的二元离散变量,$y_i = 0$ 表示农户选择自主防治病虫害,$y_i = 1$ 表示农户选择病虫害防治外包;$\boldsymbol{x}_i$ 是决定农户防治行为选择的外生变量组成的向量,包括农户特征、家庭特征、防治外包特征、外部环境特征等方面的变量;$\beta$ 为相关系数;$\varepsilon_i$ 表示误差项并且服从正态分布 $\varepsilon \sim N(0, \sigma^2)$。

其次,建立农户病虫害防治外包规模的决策模型,用 Heckman 选择模型对农户响应强度进行估计,即用相关自变量对 537 个样本中采用防治外包的农户样本进行回归,找出影响农户防治规模的因素。考虑到第二阶段 OLS 回归中可能存在选择性偏误,会遗漏非线性项,假定相关误差都是联合正态分布且是同方差的,用极大似然估计是更有效率的方法。

下面构建农户病虫害防治外包规模程度决策模型,表达式如下:

$$Y_m = \alpha Z_i + \mu_i \tag{2}$$

其中:$Y_m$ 代表农户防治外包规模;$Z_i$ 是影响农户防治外包服务的解释变量,包括农户禀赋、家庭特征、生产特征等;$\alpha$ 为解释变量的待估系数;$\mu_i$ 为随机误差项。在 Heckman 选择模型的选择方程和结果方程中需要指定变量列表,而且如果模型识别建立在非线性函数形式的基础上,那么两个方程式中可以使用同一组解释变量(A. 科林卡梅伦,普拉温·K. 特里维迪 2016)。为了更稳健地识别,也可以增加排除性约束变量,该变量是出现在选择方程中、排除在结果方程之外的外生变量。

最后,用似然比检验(LR test)来验证样本是否存在选择性偏差,若误差项间的相关性估计显著,则证明存在选择性偏误,使用 Heckman 选择模型是有效的。

## 5.2.2 变量选取与说明

已有研究表明,农业技术决策采纳可能会受到农户禀赋、劳动力特征、外部环境等因素的影响(马橙,2018;高杨 等,2016;邹杰玲,2018),且外包组织特征也会影响外包服务的购买(蔡荣,2014;陆岐楠,2017),尤其是专业化供给方劳动生产率的差距会影响农户参与农业生产环节外包服务的概率(刘家成 等,2019)。同时,劳动力特征和土地细碎化程度也是影响农机社会化服务的关键因素(纪月清,2016)。笔者将病虫害防治外包响应、病虫害防治外包规模分别作为选择方程和结果方程的被解释变量。农户水稻病虫害防治外包参与情况的数据来自问卷中"农户是否采用病虫害防治外包服务"这一问题的回答。在537个调查样本中,有203户农户参与病虫害防治外包服务,约占总样本数的37.8%。另外,病虫害防治外包规模=2018年农户病虫害防治外包面积×防治次数,平均值为185.89亩。

在参考已有研究成果和实地调研的基础上,笔者认为,病虫害防治外包选择与防治外包规模主要取决于农户特征变量、家庭特征变量、生产经营特征变量、外包服务变量、外部环境变量这5个方面的因素。农户水稻病虫害防治外包决策变量的定义与描述性统计结果见表5-1。

表5-1  农户水稻病虫害防治外包决策变量的定义与描述性统计结果

| 变量名称 | 变量定义 | 均值 | 标准差 | 预期影响 |
|---|---|---|---|---|
| 农户特征变量 | | | | |
| 年龄 | 决策者的实际年龄/年 | 52.12 | 9.82 | 待定 |
| 务农经验 | 决策者的务农年限/年 | 29.93 | 12.89 | 待定 |
| 受教育程度 | 受教育年限/年 | 6.99 | 3.23 | 待定 |
| 兼业化行为 | 是否发生兼业化行为 | 0.43 | 0.50 | 待定 |
| 家庭特征变量 | | | | |
| 务农劳动力 | 单位面积内投入的劳动数量/人 | 0.87 | 1.58 | 负向 |
| 合作社成员 | 农户是否有合作社成员: 有合作社成员=0,无合作社成员=1 | 0.38 | 0.49 | 正向 |
| 生产经营特征变量 | | | | |
| 种植规模 | 水稻种植面积/亩 | 31.06 | 66.91 | 正向 |
| 种植收入比重 | 水稻种植收入占家庭收入比重 | 0.55 | 0.36 | 正向 |
| 种植布局 | 与相邻地块的作物是否一致: 否=0,是=1 | 0.79 | 0.41 | 正向 |
| 土地条件 | 植保机械作业时进入土地的困难度: 容易=1,一般=2,困难=3 | 1.51 | 0.64 | 待定 |

续表

| 变量名称 | 变量定义 | 均值 | 标准差 | 预期影响 |
|---|---|---|---|---|
| **外包服务变量** | | | | |
| 外包机械防治效率替代 | 外包机械与自有植保机械的效率比较:外包机效效率高于自有植保机械效率=1,外包机械效率低于自有植保机械效率=0 | 0.37 | 0.48 | 正向 |
| 防治外包价格 | 单位面积防治外包收费/(元/亩) | 11.68 | 19.07 | 负向 |
| 水稻区域生产的组织化程度 | 外包服务服务范围是否覆盖本村:是=0,否=1 | 0.76 | 0.43 | 正向 |
| **外部环境变量** | | | | |
| 地区变量 | 闽南=1,闽北=2,闽西=3 | 1.86 | 0.74 | 待定 |

(1)农户特征变量

农户特征变量包含年龄、务农经验、受教育程度、兼业化行为。一般而言,年龄会影响一个人对新事物的接受能力,同时,年龄的增长也意味着规避风险的意识可能更强,因此,我们预期,农户年龄对防治外包参与有负向影响;但也有学者认为,年龄越大,人的体力越差,可能无法胜任农业劳动,年长者存在对防治外包服务的内在需求(杨志海,2019),会以外包方式来减少田间管理时间。因此,总体来说,年龄对防治外包服务的影响方向不确定。

一般来说,农户种植经验越多,意味着其接受农业知识与技能学习能力越强,更易于接受新型的病虫害防治模式,但也有部分学者(陈菲菲 等,2016)认为,农户在种植经验积累到一定程度后将产生路径依赖,其在后期实践中会不断强化自身种植模式,对新防治服务的接受意愿会减弱。因此,种植经验对防治外包服务的影响方向待定。

同时,农户的受教育程度越高,越有可能外出务工,即产生兼业化行为。一方面,农户如果获得更多的非农就业机会,那么其投入田间管理的时间就相对减少,就有可能选择防治外包的方式节约农田投入时间;另一方面,农户务农的热情也可能因为非农就业收入增加而被削弱,从而减少对水稻病虫害防治的投入。因此,受教育程度与兼业行为对外包服务影响的方向待定。

(2)家庭特征变量

家庭特征变量包括务农劳动力、合作社成员。一般而言,单位面积的务农劳动力投入越少,具有劳动能力的家庭成员所需承担的耕作任务越重,农户就越有可能通过防治外包来节省人力,越愿意参与防治外包。若农户有合作社成员,就意味着有较多的获得农业生产技术信息的渠道,农户也就更愿意接受新型防治服务模式。

(3)生产经营特征变量

生产经营特征变量包括种植规模、种植收入比重、种植布局、土地条件。

从水稻种植规模与种植收入比重可以看出农户所在的家庭对稻谷生产的依赖程度。对水稻生产的依赖程度越高,农户采用防治外包提高病虫害防治效率的意愿也就越强。就种植布局而言,相邻地块作物一致形成生产规模,对水稻防治外包有积极影响。

病虫害防治作业时植保机械进入土地的困难度越高,农户越可能有意愿将地势较为复杂的田地进行防治外包以减轻自身劳动强度。若土地条件未达到外包组织所持有机械对土地的要求,那么响应诉求也无法实现。因此,植保机械作业时的土地条件对防治外包服务参与和防治规模的影响待定。

(4)外包服务变量

外包服务变量包括外包机械防治效率替代、防治外包价格、水稻区域生产的组织化程度。与农户自有植保机械相比,外包组织所配备的防治机械效率越高,其优势越明显,农户对购买防治外包服务的积极性也越高。购买防治外包服务的价格越低,农户参与的积极性也越高。水稻区域生产的组织化用"防治组织服务范围是否覆盖本村"来表达,水稻区域生产的组织化程度越高,农户选择防治外包的意愿就越高。

(5)外部环境变量

外部环境变量为地区变量。各地区推广防治外包服务的宣传力度和行政措施存在差异,因此,设置地区虚拟变量来比较各地区对病虫害防治外包服务的参与程度。

## 5.2.3　模型估计结果与分析

下面使用 Stata 软件计算并得出基于 Heckman 选择模型的防治外包决策回归结果,见表 5-2。模型中,Wald $chi^2$(12)= 1316.68,Prob>$chi^2$ = 0.0000 且在 1% 水平上显著,说明模型整体拟合效果较好。athrho 的 $P$ 值为 0.000,说明 athrho 的估计值在 1% 的置信区间上显著异于 0,因此确实存在样本选择偏误问题。同时,两阶段误差项相关性的检验结果(LR test)在 1% 水平上也是显著的,这说明采用 Heckman 选择模型是有效合理的。

表 5-2　模型估计结果

| 变量 | 系数 | 标准误 | $z$ 值 | $P>|z|$ |
|---|---|---|---|---|
| Log likelihood = −1425.407 | | | | Number of obs= 537 |
| Wald $chi^2$(12) = 1316.68 | | | | Prob> $chi^2$ = 0.0000 |
| 病虫害防治外包规模 | | | | |
| 年龄 | −0.2658081 | 1.378326 | −0.19 | 0.847 |
| 务农经验 | 0.3894512 | 1.033862 | 0.38 | 0.706 |
| 兼业化行为 | −36.66733** | 17.23451 | −2.13 | 0.033 |
| 务农劳动力 | 23.88799** | 11.00965 | 2.17 | 0.030 |
| 种植规模 | 2.922207*** | 0.0891531 | 32.78 | 0.000 |
| 合作社成员 | −42.44293** | 18.23577 | −2.33 | 0.020 |
| 土地条件 | | | | |

续表

| 变量 | 系数 | 标准误 | z 值 | P>|z| |
|---|---|---|---|---|
| 一般 | 10.90965 | 16.25547 | 0.67 | 0.502 |
| 困难 | 24.8768 | 29.56093 | 0.84 | 0.400 |
| 种植收入比重 | −0.1612546 | 0.2626642 | −0.61 | 0.539 |
| 地区 | | | | |
| 闽北 | 119.1083 *** | 18.67505 | 6.38 | 0.000 |
| 闽西 | 52.61254 ** | 23.27649 | 2.26 | 0.024 |
| 外包机械防治效率替代 | 67.01196 * | 37.10993 | 1.81 | 0.071 |
| _cons | −14.08243 | 72.24464 | −0.19 | 0.845 |

病虫害防治外包决策

| 变量 | 系数 | 标准误 | z 值 | P>|z| |
|---|---|---|---|---|
| 年龄 | −0.0085637 | 0.0133181 | −0.64 | 0.520 |
| 受教育程度 | −0.0212111 | 0.021594 | −0.98 | 0.326 |
| 务农经验 | 0.0002515 | 0.0101304 | 0.02 | 0.980 |
| 兼业化行为 | 0.0376259 | 0.1584344 | 0.24 | 0.812 |
| 务农劳动力 | −0.2896705 *** | 0.0987972 | −2.93 | 0.003 |
| 种植规模 | 0.0048457 *** | 0.0014425 | 3.36 | 0.001 |
| 合作社成员 | 0.8892066 *** | 0.1491905 | 5.96 | 0.000 |
| 种植布局 | 0.1743325 | 0.1621713 | 1.07 | 0.282 |
| 防治外包价格 | 0.0511454 | 0.0427581 | 1.20 | 0.232 |
| 土地条件 | | | | |
| 一般 | −0.2259728 | 0.1515786 | −1.49 | 0.136 |
| 困难 | −0.1418138 | 0.2745274 | −0.52 | 0.605 |
| 种植收入比重 | 0.0038546 * | 0.0022979 | 1.68 | 0.093 |
| 地区 | | | | |
| 闽北 | −0.5060934 ** | 0.2005677 | −2.52 | 0.012 |
| 闽西 | −0.0635819 | 0.2239753 | −0.28 | 0.777 |

续表

| 变量 | 系数 | 标准误 | z 值 | P＞\|z\| |
|------|------|--------|------|---------|
| 水稻区域生产的组织化程度 | 1.249951*** | 0.29214 | 4.28 | 0.000 |
| _cons | −1.36778 | 0.6660433 | −2.05 | 0.040 |
| athrho | −1.098807 | 0.2087069 | −5.26 | 0.000 |
| lnsigma | 4.650995 | 0.0792249 | 58.71 | 0.000 |
| rho | −0.80007 | 0.0751111 | | |
| sigma | 104.6891 | 8.29398 | | |
| lambda | −83.7586 | 13.67389 | | |
| LR test ofindep. eqns. (rho = 0)：chi²(1) = 9.90 | | | | |
| Prob ＞ chi² = 0.0016 | | | | |

注：*、**、***分别表示在1％、5％、10％统计水平上显著。

（1）农户特征对病虫害外包决策与防治外包规模的影响

在农户特征方面，兼业化行为对外包服务响应没有通过显著性检验，系数为正，说明兼业化行为能促进农户对病虫害防治外包服务购买的积极性，但它不是主要影响因素。

同时，兼业化行为对外包服务规模有显著性影响，通过了5％统计水平的显著性检验且系数为负。这表示，与没有兼业化行为的农户相比，有兼业化行为的农户的病虫害防治外包规模更小。可能的解释是，在外包施药过程中存在对防治效果的监督风险，有兼业化行为的农户需要在兼业地点与田间现场之间往返，导致现场监督成本相对较高且监督时间弹性相对较小，迫使这类农户不得不减少防治外包次数，进而对防治外包规模产生显著的消极影响。

（2）家庭特征对病虫害外包决策与防治外包规模的影响

在家庭特征方面，合作社成员对病虫害防治外包服务参与有显著性影响，通过了1％水平显著性检验且系数为正，与预期相同。笔者在调研中发现,现有的病虫害防治外包组织80%以上源自镇里的农业农机合作社,农户有合作社成员能简化务农防治信息的传播渠道,同时在无形中强化防治的集体决策行为,节约防治外包的交易费用,使得有合作社成员的农户更愿意参与防治外包。然而,合作社成员对防治规模的影响通过了5%水平的显著性检验且系数为负。这意味着若农户有合作社成员,会对病虫害防治外包规模形成产生显著负向影响。可能的原因在于,正是由于合作社防治信息渠道的便利性,使得家庭成员中有合作社成员的农户能更快获得虫情测报与防治信息,把握最佳防控期。蔡荣等(2019)研究发现,在资源环境约束趋紧的背景下,农户有合作社成员对家庭农场选择环境友好型生产方式能够起到积极作用,即无形中减少对防治外包服务的购买次数,故农户有合作社成员对病虫害防治外包规模有明显的负向影响。

务农劳动力对参与病虫害防治外包有显著影响,通过了1%水平显著性检验且系数为负,与预期相同。防治外包服务解决了田间劳动力耗费问题,尤其是在人力不足的情况下,单位面积农田的家庭劳动力比例越小意味着农户田间管理时间越不足,农户越会积极参与病虫害防治外包服务。同时,务农劳动力对病虫害外包服务规模有显著影响,通过了5%水平显著性检验且系数为正,这表示务农劳动力的投入能促进病虫害防治外包服务规模的形成。可能的原因在于,对已经选择防治外包的农户而言,投入人力越大说明其务农依赖性越强,可能越在意病虫害导致的产量损失,愿意为规避因病虫害而导致的产量风险而增加防治外包服务次数,因此务农劳动力对病虫害防治外包规模有正向影响。

(3)生产经营特征对病虫害防治外包决策与防治外包规模的影响

在生产经营特征方面,种植面积对参与病虫害防治外包与病虫害防治外包规模有显著的正向影响,分别通过了1%水平显著性检验且系数为正,与预期相同。这表明,种植面积有一定规模的农户,更容易接受农业新技术、新模式以提高农田生产效率。

此外,种植收入比重对参与病虫害防治外包通过了 10％水平的显著性检验且系数为正,表示种植收入比重对参与病虫害防治外包有显著的正向影响,与预期一致。然而,模型估计结果显示,种植收入比重对病虫害防治外包规模有负向影响,可能的原因在于水稻种植收入比重较大的农户,往往更愿意增加农业投入,其家庭拥有植保机械先进性也较高,只有出现重大的病虫害风险时才零星购买防治外包服务,这类家庭在病虫害防治过程中由于沉没成本的存在无法完全依赖防治外包,因此对防治外包规模化形成有负向影响。

(4)防治外包服务特征对病虫害防治外包决策与防治外包规模的影响

在防治外包服务特征方面,水稻区域生产的组织化程度对参与病虫害防治外包有显著的正向影响,分别通过了 1％水平显著性检验且系数为正,与预期相同。说明组织服务范围越大,农户越愿意参与防治外包。实际上,防治外包组织服务范围代表着农户对外包服务信息的可获得性,服务范围越广意味着防治外包信息传递成本也就越低,农户与外包组织商榷防治事宜的交易成本也越低,同时,拥有越多外包技术信息渠道的农户越容易接受新型防治外包服务模式。

需要说明的是,模型中防治外包价格对参与病虫害防治外包不显著。理论上,防治外包价格与参与防治外包密切相关。但在福建省防治外包调研中,省内各地区防治价格相对固定,其原因在于,省级行政部门出台水稻病虫害防治外包指导价格政策,然后,各市农业局再根据实际情况,提出适合本地种植生产情况的防治指导价格并对外包组织进行较为严格的管理。另外,近些年,福建省每年划拨专项外包补贴资金,按防治外包价格的 20％～30％进行补贴,笔者调研中的 70％以上的外包农户都享受到了政府的防治外包补贴。总体上,病虫害防治外包服务的防治价格差异不大,因此防治价格对参与病虫害防治外包的影响不显著。

此外,外包机械防治效率替代通过了 10％水平的显著性检验且系数为正,说明防治外包机械效率优势有利于外包服务防治规模的形成,与预期相同。

(5)外部环境特征对病虫害防治外包决策与防治外包规模的影响

在外部环境特征方面,闽北地区对防治外包服务响应的影响通过5%显著性检验且系数为负,表明闽北地区农户参与外包的响应程度不如闽南地区。同时闽北、闽西地区对防治规模的影响通过1%显著性检验且系数为正,表示与闽南地区相比,已参与外包服务个体农户中,闽北、闽西地区的农户购买防治服务次数更多,他们的防治外包行为已由零星购买转向"防治托管"习惯。也就是说,福建省内的闽北、闽西地区农户对外包服务模式的依赖性更强,有利于病虫害防治分工与专业化的形成。

## 5.3  小结

本章利用福建地区537个农户的微观调研数据,运用 Heckman 选择模型分别实证检验了影响病虫害防治外包参与行为、防治外包规模的影响因素,得到以下几个主要结论。

(1)从总体上看,样本农户中参与病虫害防治外包的比例不高,有203户的农户参与病虫害防治外包服务,占样本量的37.8%;在参与防治外包的农户群体中,有一半以上的农户加入合作社。在防治外包的机械选择方面,在参与防治外包的农户群体中,约有63.55%的农户是以植保无人机防治为主的。

(2)务农劳动力、合作社成员、种植面积、种植收入比重、防治组织服务范围、地区是影响农户病虫害防治外包参与行为的主要因素,尤其是农户有合作社成员、防治组织服务范围扩大能显著提高农户参与水稻病虫害防治外包服务的积极性。此外,务农劳动力、合作社成员、种植面积、兼业行为、防治外包组织机械效率、地区是影响农户病虫害防治防治外包规模的主要因素,其中,种植面积、防治外包组织的机械效率、地区因素对防治外包规模的形成有显著影响。

根据以上结论,可以得出以下政策启示。

(1)继续壮大乡镇农业农机合作社的发展,鼓励中等规模农户加入合作社,节约农业社会化服务生产信息传播成本与监管成本,这样有利于提高农户参与防治外包服务积极性。

(2)在政策上,可以鼓励防治外包组织更新所持有的防治机械装备,提高防治机械的防治效率。农户采用防治外包服务形式来取代自主防治,本质上是满足自身节约田间劳动时间的需要。尤其是对于水稻主要迁飞类虫害(如稻飞虱、水稻卷叶螟)来说,可能存在成虫群体转移至相邻地块继续危害的情况,因此往复喷药,实际防治成效有限。与家庭持有的植保机械相比,防治外包组织所采用的机械防治效率优势更明显,能帮助农户更好地实现省工省时的目的。尤其是可以鼓励航空植保的形式,克服因福建山多的地形地势导致的陆地机械进入难的问题,进而扩大乡镇外包组织的区域服务范围。

(3)在城镇中创造更为稳定的非农就业机会,合理引导农村劳动人口参与非农工作;要求防治外包组织与农户签订更为规范的防治协议,降低监督成本;用外包组织植保机械投入替代人力资本的田间投入,实现农村家庭经济收益的最大化。

# 6 水稻防治外包服务
# 与农药施用行为分析

农药在挽回粮食损失与降低农业劳动强度方面都有着积极的贡献（Padgitt et al.，2000；刘长江 等 2002），但现如今人们谈起农用化学品施用，却给它贴上了"污染""威胁"等标签。这种想法的改变在于近 20 多年来我国化肥与农药总体投入量急剧攀升，其中，2013 年我国农药的单位面积使用量是世界平均水平的 2.5 倍（陈晓明，2016）。农业面源污染问题随农用化学品的过度使用而不断加剧，农业生态环境与粮食可持续生产面临严峻的安全问题。与此同时，由于农村劳动力兼业化程度的提高，田间管理出现以机械防治外包服务来弥补人力投入不足的新趋势。

在农业现代化进程中，农业社会化服务作为一种服务规模化手段，引起政府、学界的广泛探讨，从早期关注社会化服务参与（申红芳，2015；孙顶强等，2019；刘家成 等，2019），到农业社会化服务生产的福利评价（杨志海，2019），再到关注农业社会化服务对土地规模（姜松 等 2016，罗必良 2019）、劳动力用工（陈品 等，2018）、农用化学要素（应瑞瑶 等，2017；张梦玲 等，2022；谢琳 等，2022）等其他生产要素配置的影响。应瑞瑶等（2017）基于调研数据论证得出，防治外包有助于减少农药使用次数，增加无公害农药的应用。杨高第等（2020）认为，农业社会化服务可以通过要素交易优势与技术甄别优势实现农业化学要素减量，张梦玲等（2022）也提出类似观点，认为不同类型的农业社会化服务对化肥减量的效应存在差异。

值得注意的是，病虫害防治的成效与产量挽回密切相关，防治环节社会化服务的敏感性在于防治主体与农户的供需对接,因为在防治许可转移过程中伴随着产量风险转嫁。也有学者考虑到防治组织和经销商合谋,两者因追求利润的商业性行为可能导致农用化学要素的增量(Hu et al.,2009)。从农学角度来看:一方面,防治外包服务组织可能因持有更先进的植保设备和具备农技优势而做到农药减量;另一方面,防治外包服务组织可能在统一防治过程中为达到经济规模而过度防治。也就是说,防治外包服务的农药减量逻辑有待进一步厘清。

尽管 2020 年我国在水稻防治上的农药利用率已减少到 41.10%(秦萌等,2021),取得了较大进步,但与发达国家相比还存在一定差距,后续如何巩固并推进农药减量成果,需要研究者通过客观现实,摸清农业外包服务对农药使用的影响。因此,本章有必要重点回答以下问题:与自主防治相比,防治外包服务能否有效实现农药减量?如果可行,其中的农药减量逻辑是什么,又是否存在差异?上述问题的答案有益于科学判断防治外包服务对农田生态的实际影响,这对农田环境保护、转变农业发展方式具有重要的现实意义。

有鉴于此,本章以福建省 537 户农户为例,在 ERM 模型下采用工具变量法,估计稻农采纳防治外包对田间农药投入的影响,以及从防治服务操作方式角度分析不同防治外包方式农药使用量的差异与成因。

# 6.1 水稻防治外包对农药施用行为的影响

## 6.1.1 水稻防治外包对农药施用行为影响的经济学分析

农业防治外包服务将原本"分散自治"的病虫害防治劳动集中到由政府

监管注册的专业化防治组织中,这种防治需求的"化零为整"实现了病虫害防治的规模经营。亚当·斯密在《国富论》中阐述了对分工的理解,即分工是通过市场来协调的,其程度取决于市场范围的大小,市场规模越大,分工与专业化程度就越高。单个农户对防治信息的获取主要依赖于经验农户或农资店的推荐,但农资市场的差异化使农户很难通过经验积累正确地使用农资,加上农资质量信息获取成本较高,致使一些农户出于规避风险的考虑而进行粗放的自防自治(纪月清,2016)。粗放管理在减少作物病虫害的同时,也使田间益虫和害虫天敌的种群数量减少,使得田间生态环境物种数量单一化,导致作物生长环境长期处于亚健康状态。而对于防治外包组织而言,它们通过服务规模市场来提升自身人员、机械设备的专业化程度,形成化学品用量把握和减量技术甄别双重优势(杨高第 等2020),这种从"量"的整合到"质"的提升的进步能实现农药减量。

防治外包将生产过程中分散的防治环节向专业防治组织集中,集约化防治可以满足农户节约劳动力的生产目的,防治行为腾挪可以巧妙地改变原先个体农户过量施用农药的行为路径,改由防治组织来主导防治决策。

本书对农药施用行为的分析,参考纪月清(2015)对防治行为影响因素的分析,认为防治行为受到资金、时间、风险、食品安全与农艺技术更新的约束。不同防治主体施药行为的约束条件具体见表6-1。

表 6-1　不同防治主体施药行为的约束条件

| 约束条件 | 个体农药施用 | 防治组织农药施用 |
|---|---|---|
| 资金 | 相对少 | 相对多 |
| 时间 | 相对弹性小 | 相对弹性大 |
| 风险 | 相对大 | 相对小 |
| 食品安全 | 相对适中 | 相对适中 |
| 农艺技术 | 相对慢 | 相对快 |

资金约束表现为农业资金投入的约束,会影响到农药的购买与防治机械的配备;时间约束即是否有足够的时间来完成防治农事操作;风险约束即病虫害防治效果好坏;食品安全约束即出售农产品时是否存在农药残留问题;农艺技术约束表现为现有决策者对农艺技术的认知是否更新。

个体农户与防治外包服务组织之间性质、目的不同,因此面临不同施药约束弹性的差异。

(1)资金约束方面:与个体农户相比,防治外包服务组织农业资金投入更多,从而更新植保机械装备,能够实现机械装备与农药使用效率的提高。

(2)时间约束方面:个体农户外出务工行为和兼业行为增多,无形中使得其投入稻田的劳作时间相对减少,为达到以往产量预期,往往对化学要素产生路径依赖,将化学要素投入看作是对稻田生产中劳动力不足的补偿。防治外包服务组织时间约束比个体农户弱,在从业重心、田间管理时间安排上都有着天然的优势,能把握作物的最佳防治时间,适时施用农药。

(3)风险约束方面:防治组织的风险主要体现在病虫害防治效果上,防治效果的好坏会影响到下个生产季农户对于防治服务的购买意愿。与个体自主防治相比,农业防治外包服务组织对病虫害大流行的抵御能力更强,抵抗病虫害损害的压力相对较小。

(4)食品安全约束方面:对防治外包服务组织而言,防治动机是在成本最小化的基础上去控制病虫害的发生与流行。同时,其稻谷成品采用订单销售或满足农家自吃需求,因而面临的食品安全约束力度相对适中,不存在滥用农药的动机,与个体农户无明显差异。

(5)农艺技术约束方面:与个体农户相比,农业防治外包服务组织推广田间管理防治技术的成本更低,能够对防治各环节进行有效监管,对常态化防治人员进行培训,在防治手段和虫情信息更新速度上具有优势,能够保证病虫害诊断的准确性以提高农药有效性。

综上,防治外包服务组织在农业资金投入、技术装备更新、田间管理的统筹安排、植保信息的及时性上更具优势,这些优势有助于相对合理与安全地用药,故提出研究假说:采纳防治外包服务能使田间农药施用减量。

## 6.1.2　描述性统计结果

数据来源于2018—2019年笔者对福建省40个村的水稻防治情况调研,共获得有效问卷537份。将调查样本分为两类进行描述统计:类型Ⅰ=使用病虫害自主防治,类型Ⅱ=使用病虫害防治外包服务。在537份观测样本中,采用防治外包服务的有203户,防治外包服务参与度为37.8%,这类农户中有的从专业化组织中购买喷洒农药服务,还有的购买种苗杀毒、虫情测报等防治服务。

观察样本中不同防治类型的农户特征比较见表6-2。总体上看,在水稻病虫害防治过程中,防治外包服务在植保机械配置的先进性、生物农药推广方面明显优于自主防治,且每季防治次数也略少于自主防治。防治外包服务的植保防治机械主要以无人机为主,占比为63.55%。反观自主防治,使用的植保机械以手动背负式、机动背负式为主,植保无人机仅占2.9%。由此看出,防治外包服务与自主防治相比,在防治次数、防治机械的先进性等上均有明显优势。

表6-2　观察样本中不同防治类型的农户特征比较

| 特征 | 自主防治 | 防治外包服务 |
| --- | --- | --- |
| 年龄/年 | 52.80 | 50.99 |
| 受教育程度/年 | 6.67 | 7.37 |
| 务农经验/年 | 30.58 | 28.86 |
| 家庭务农劳动力/(人/亩) | 2.89 | 2.88 |
| 非农工作天数/天 | 86.33 | 38.45 |

续表

| 特征 | 自主防治 | 防治外包服务 |
| --- | --- | --- |
| 种植面积/亩 | 17.52 | 53.34 |
| 植保防治机械类型依次占比/% | 植保无人机式占 2.9%<br>机动背负式占 42.22%<br>担架式占 8.97%<br>手动背负式占 45.91% | 植保无人机式占 63.55%<br>机动背负式占 10.83%<br>担架式占 25.62% |
| 生物农药占比/% | 69.16 | 84.24 |
| 防治次数/(次/季) | 3.93 | 3.4 |
| 种植收入占家庭收入比重/% | 44.62 | 70.92 |
| 类型分布/户 | 334 | 203 |

## 6.1.3 模型设定与变量选取

### 6.1.3.1 模型设定

"农户是否参与防治外包服务"作为研究的核心解释变量,可能存在内生性问题,主要是由于参与防治外包服务并非随机分配,而是在各种条件或约束下所作出的最优决策。为了提高估计结果的有效性,分别利用工具变量法、ERM 模型来论证防治外包服务对农药施用量的影响。它们与传统回归(OLS)模型相比,优势在于可以解决解释变量或控制变量的内生性问题。具体设定如下。

(1)构建基准回归模型

不同防治状态下农户对农药施用行为的基准回归方程如下:

$$y_i = r_i \beta_1 + S_i \beta_2 + \varepsilon_i \qquad (1)$$

其中:$y_i$ 代表农户选择农药施用量;$r_i$ 为影响农药施用的一系列控制变量,包括农户个体特征、家庭生产经营特征、地区特征等;$S_i$ 表示实际观测到的农户是否参与防治外包服务的决策结果，$S_i=1$ 表示参与，$S_i=0$ 表示未参与；$\beta_1$ 和 $\beta_2$ 是待估计系数；$\epsilon_i$ 是随机扰动项。

（2）工具变量法

核心解释变量"农户是否参与防治外包服务"一般会存在内生性问题，通常受到区位条件的影响。因此，在基准回归模型的基础上，增加"防治区域组织化程度"作为工具变量来解决内生性问题。需要说明的是，工具变量需要满足外生性、排他性等条件。防治外包服务的客源市场范围是由地理因素所决定的，具有显著的外生性，反映的是防治外包服务市场的地理区位条件对农户参与防治外包服务的影响，同时与农户的农药使用量无直接关系，即理论上满足工具变量外生性与排他性的筛选标准。

（3）ERM 模型

下面利用 ERM 模型来纠正核心解释变量可能带来的内生性问题，同样在基准回归方程的基础上，构建辅助回归方程（2），使用最大似然法进行参数估计。因"农户是否参与防治外包服务"为二分类变量，故将影响农户参与防治外包服务的辅助方程设定为 Probit 二元选择模型，表示如下：

$$S_i = Z_i\alpha + I_i\alpha + u_i, S_i = \begin{cases} 1 \\ 0 \end{cases} \tag{2}$$

其中：$S_i$ 表示实际观测到的农户是否参与防治外包服务的决策结果，$S_i=1$ 表示参与，$S_i=0$ 表示未参与；$z_i$ 表示影响农户参与防治外包服务的控制变量；$I_i$ 表示"防治区域组织化程度"的工具变量，$I_i=0$ 表示防治组织服务到本村，$I_i=1$ 表示防治组织未服务到本村；$\alpha$ 为待估计系数；$u_i$ 为随机扰动项。

然后，定义不同参与状态下农户对农药施用行为的主回归方程：

$$y_i = r_i\beta_1 + S_i\beta_2 + \epsilon_i \tag{3}$$

其中：$y_i$ 代表农户选择农药施用量；$r_i$ 为影响农药施用的控制变量；$S_i$ 表示实际观测到的农户是否参与防治外包服务的决策结果，$S_i=1$ 表示参与，$S_i$

＝0 表示未参与;$\beta_1$和$\beta_2$是待估计系数;$\varepsilon_i$是随机扰动项。

### 6.1.3.2　变量选取

参照前人研究成果(邹杰玲,2018;范存会,2002;钟甫宁,2006),选取影响农户参加防治外包服务的变量 $Z$ 和影响农药施用量的变量 $X$,模型主要变量名称及定义见表 6-3。农药施用量主要受到户主特征(年龄、受教育程度、务农经验、社会网络)、生产特征(种植面积、务农劳动力、稻谷商品化程度)、经营特征(防治外包决策、种植收入比重、合作社成员、病虫害发生程度)三方面的影响。

表 6-3　模型主要变量名称及定义

| 变量名称 | 变量定义 | 均值 | 标准差 |
|---|---|---|---|
| 农药施用量[①] | 水稻生产单位面积的农药施用量(未兑水前)/(毫升/亩) | 270.01 | 221.80 |
| 户主特征 | | | |
| 年龄 | 截至 2018 年底的年龄/岁 | 52.12 | 9.82 |
| 受教育程度 | 户主受教育年限/年 | 6.99 | 3.23 |
| 务农经验 | 截至 2018 年底从事水稻种植时间/年 | 29.93 | 12.89 |
| 社会网络 | 农户的朋友数或其他熟人数/人 | 6.69 | 17.45 |
| 生产特征 | | | |
| 种植面积 | 水稻种植面积/亩 | 31.06 | 66.91 |
| 务农劳动力 | 单位种植面积所投入的务农人口数/(人/亩) | 0.87 | 1.58 |

---

① 由于福建地形与施药条件限制,当地水稻用药以液体农药如噻嗪酮、阿维菌素等为主,课题组在福建省植保植检总站的统筹协调下,随机抽取地区名单后,在需调研各地植保站技术人员的帮助下,联络到防治外包组织与农户,对防治施药情况和农户种植情况进行跟踪调查,对未兑水稀释前的农药投入量进行统计和记录。

续表

| 变量名称 | 变量定义 | 均值 | 标准差 |
|---|---|---|---|
| 稻谷商品化程度 | 稻谷用于销售的比重 | 0.60 | 0.40 |
| 经营特征 | | | |
| 防治外包决策 | 农户是否选择防治外包组织：是＝1,否＝0 | 0.38 | 0.49 |
| 种植收入比重 | 水稻种植收入占家庭收入比重 | 0.55 | 0.36 |
| 合作社成员 | 农户是否有合作社成员：是＝1,否＝0 | 0.38 | 0.49 |
| 病虫害发生程度 | 水稻病虫害防治外包后产量损失程度 | 5.24 | 10.08 |
| 地区变量 | 闽南地区＝1,闽北地区＝2,闽西地区＝3 | 1.86 | 0.74 |
| 工具变量 | | | |
| 防治区域组织化程度 | 防治组织是否服务到本村：是＝1,否＝0 | 0.76 | 0.43 |

注:四舍五入,保留至小数点后两位。

(1)核心变量

被解释变量为单位面积水稻的农药施用量(未兑水稀释前);核心解释变量为"是否参与防治外包服务",参与＝1,未参与＝0。

(2)控制变量

在户主特征方面,农户年龄越大,体力越有限,越有可能使用农药代替人力资本投入;受教育程度越高、务农经验越丰富、农户有合作社成员,以及社会网络广,有利于农户更新防治技术、农药施用知识,会促进对农药的减量施用。

在生产、经营特征方面,选取务农劳动力、稻谷商品化程度、病虫害发生程度等变量,来反映农户的生产经营情况。务农劳动力越少,农户越可能更多使用农药代替人力资本投入以参与田间管理,因此会对农药减量产生负面影响;稻谷商品化程度反映种植目的,商品粮的比重越高,因病虫害造成收入损失的风险越大,越可能促进农药施用;病虫害发生程度反映单个农户在特定地点、生产环境、气候条件下所面临的病虫害情况,该变量也会影响农药施用行为。种植面积、种植收入比重也能反映农户的生产经营情况与务农热情,这两个变量可能会影响农户的防治外包决策。

此外,还加入地区虚拟变量,来反映不同地区施药技术的差异性。

(3)工具变量

将"防治区域组织化程度"作为工具变量,反映防治组织的服务覆盖范围,防治组织服务到本村＝1,防治组织未服务到本村＝0。

## 6.1.4　病虫害防治外包影响农药施用的实证结果

(1)工具变量法

首先,构建带工具变量的农药施用回归模型,评价防治外包对农药施用的影响。表 6-4 为病虫害防治外包影响农药施用的 IV 回归结果。根据表 6-4 的结果,模型中 Wald 外生检验的 $P$ 值为 0.000,在 1% 的显著性水平上拒绝是否参与外包是外生变量的原假设。其次,进行相关性检验,检验工具变量是否与内生变量强相关。若使用弱工具变量,会导致内生变量估计系数的标准误偏大,尽管该模型的 Shea's partial $R^2$ 值为 0.165,但 $F$ 的统计量为 172.003(超过 10),且在 1% 的统计水平上通过了显著性检验。同时,最小特征值统计量为 104.28,大于对应的临界值 8.96。以上检验结果可以说明,不存在弱工具变量问题。"是否参与防治外包服务"对"农药施用量"的估计系数在 10% 的统计水平上显著为负,说明农户参与病虫害防治外包服务可以减少农药施用量,达到农药减量的目的。

表 6-4 病虫害防治外包影响农药施用量的 IV 回归结果

| 变量 | 系数 | 标准误 | $t$ 值 |
| --- | --- | --- | --- |
| 是否参与防治外包服务 | −75.433 * | 43.526 | −1.73 |
| 年龄 | 1.622 | 1.62 | 1.00 |
| 受教育程度 | −2.466 | 2.532 | −0.97 |
| 务农经验 | −1.43 | 1.246 | −1.15 |
| 务农劳动力 | −4.255 | 5.818 | −0.73 |
| 稻谷商品化程度 | 0.452* | 0.272 | 1.66 |
| 社会网络 | −0.906 ** | 0.386 | −2.34 |
| 病虫害发生程度 | −1.454 ** | 0.712 | −2.04 |
| 合作社成员 | −29.521 | 20.162 | −1.46 |
| 地区 | | | |
| 　闽北 | −238.933 *** | 24.467 | −9.77 |
| 　闽西 | 25.928 | 22.451 | 1.15 |
| 常数 | 316.361 | 71.345 | 4.43 |
| $R$-squared$= 0.159$ | | Number of obs $= 537$ | |
| Wald chi$^2$(11)$= 252.49$ | | Prob$>$ chi$^2 = 0.000$ | |

注：***、**、* 分别表示在 1％、5％、10％的统计水平上显著。

在此基础上，进一步地构建病虫害防治外包影响农药施用的扩展回归模型。运用 Stata 软件进行扩展回归模型分析，表 6-5 为 ERM 回归结果。从实证结果来看，农药施用主回归方程与防治外包辅助回归方程的回归误差项的相关系数为 0.533 且在 1％的统计水平上显著，表明是否参与防治外包服务对农药施用的影响确实存在内生性问题。

表 6-5　病虫害防治外包影响农药施用量的 ERM 回归结果

| 变量 | 系数 | 标准误 | $z$ 值 |
|---|---|---|---|
| 主回归方程 | | | |
| 是否参与防治外包服务 | −137.230* | 72.722 | −1.890 |
| 年龄 | 1.389 | 1.755 | 0.790 |
| 受教育程度 | −2.609 | 2.915 | −0.900 |
| 务农经验 | −1.488 | 1.331 | −1.120 |
| 务农劳动力 | −3.346 | 7.385 | −0.450 |
| 合作社成员 | −27.870 | 20.147 | −1.380 |
| 稻谷商品化程度 | 0.620* | 0.348 | 1.780 |
| 社会网络 | −0.875* | 0.491 | −1.780 |
| 病虫害发生程度 | −1.375* | 0.844 | −1.630 |
| 地区 | | | |
| 　闽北 | −252.348*** | 32.267 | −7.820 |
| 　闽西 | 27.532 | 23.273 | 1.180 |
| 常数 | 344.776 | 77.673 | 4.440 |
| 辅助回归方程 | | | |
| 是否参与防治外包服务 | | | |
| 年龄 | −0.003 | 0.012 | −0.270 |
| 受教育程度 | −0.005 | 0.020 | −0.260 |
| 务农经验 | −0.002 | 0.009 | −0.260 |
| 务农劳动力 | −0.012 | 0.047 | −0.260 |
| 合作社成员 | 0.030 | 0.132 | 0.230 |
| 稻谷商品化程度 | 0.005** | 0.002 | 2.350 |
| 种植收入比重 | −0.0003 | 0.002 | −0.200 |

续表

| 变量 | 系数 | 标准误 | z 值 |
|---|---|---|---|
| 地区 | | | |
| 　闽北 | −1.097*** | 0.208 | −5.280 |
| 　闽西 | −0.651*** | 0.186 | −3.500 |
| 种植面积 | 0.004*** | 0.001 | 3.770 |
| 防治组织区域化程度 | 2.234*** | 0.286 | 7.820 |
| _cons | −1.835 | 0.530 | −3.460 |
| var($e.y$) | 44441.060 | 5431.630 | |
| corr($e.x,e.y$) | 0.533*** | 0.208 | 2.560 |
| Log likelihood = −3867.5797 | | Number of obs = 537 | |
| Wald chi$^2$(11)= 118.56 | | Prob> chi$^2$ = 0.0000 | |

注：***、**、*分别表示 1％、5％、10％的统计水平上显著。

在辅助回归方程中,工具变量"防治组织区域化程度"对核心解释变量"是否参与防治外包服务"的影响通过了 1％统计水平上的显著性检验,证明了工具变量选取的合理性。同时,Wald 卡方值＝118.56,$P$ 值＝0.000 在1％的统计水平上显著,反映出方程总体的拟合效果较好,使用 ERM 工具变量法进行参数估计可行。

表 6-5 的实证结果显示,在主回归方程中,"是否参与防治外包服务"对农药施用量的系数为负,且通过了 10％统计水平上的显著性检验,说明与自主防治相比,病虫害防治外包服务能显著减少农药施用量,这与假说相符。此外,在控制变量方面,稻谷商品化程度、社会网络、病虫害发生程度、地区也是影响农药施用量的主要因素。

在主回归方程中,稻谷商品化程度的系数在 10％统计水平上显著为正,表示稻谷商品化会促进农药施用。在现实生产中,以商品粮销售为主的农户,投入农田生产管理的时间相对较多,利用其他收入来分散农业生产风险的可能性较小,因此他们对病虫害危害风险更为在意,往往为规避产量损失而增加防治过程中的农药施用量。社会网络的系数在10%统计水平上显著为负,说明农户信息交流渠道越多,越可能实现农药减量。病虫害发生程度的系数在10%统计水平上显著为负,说明农药施药量越少,水稻病虫害导致的产量损失程度越大。在地区变量中,闽北地区的系数在1%的统计水平上显著为负,表示与闽南地区相比,闽北农药施用量较少。

(2)稳健性检验

为检验扩展回归模型的稳健性,选择替换自变量的方法,即将农药施用量替换为是否发生农药减量行为,未发生=0,发生=1,再利用扩展回归模型中的eprobit命令进行验证。根据表6-6的稳健性检验结果,是否参与防治外包服务的系数在1%的统计水平上显著为正,说明防治外包服务能促进农药减量行为的发生。

表 6-6　稳健性检验结果

| 变量 | 系数 | 标准误 | $z$ 值 |
| --- | --- | --- | --- |
| 施药减量行为主回归方程 | | | |
| 是否参与防治外包服务 | 0.589*** | 0.241 | 2.450 |
| 年龄 | 0.009 | 0.010 | 0.860 |
| 受教育程度 | −0.025 | 0.018 | −1.380 |
| 务农经验 | −0.013 | 0.008 | −1.560 |
| 务农劳动力 | −0.068 | 0.043 | −1.570 |
| 合作社成员 | 0.031 | 0.122 | 0.250 |
| 稻谷商品化程度 | −0.003 | 0.002 | −1.470 |
| 社会网络 | −0.003 | 0.003 | −0.850 |
| 病虫害发生程度 | −0.012** | 0.006 | −2.010 |

续表

| 变量 | 系数 | 标准误 | z 值 |
|---|---|---|---|
| 地区 | | | |
| 　闽北 | 0.302* | 0.182 | 1.660 |
| 　闽西 | −0.292** | 0.143 | −2.040 |
| 常数 | 0.542 | 0.445 | 1.220 |
| 辅助回归方程 | | | |
| 　是否参与防治外包服务 | | | |
| 　年龄 | −0.004 | 0.013 | −0.350 |
| 　受教育程度 | −0.005 | 0.021 | −0.270 |
| 　务农经验 | −0.002 | 0.010 | −0.170 |
| 　务农劳动力 | −0.007 | 0.051 | −0.130 |
| 　合作社成员 | −0.019 | 0.134 | −0.140 |
| 　稻谷商品化程度 | 0.006*** | 0.002 | 2.740 |
| 　种植收入比重 | −0.002 | 0.002 | −1.070 |
| 　种植面积 | 0.005*** | 0.001 | 4.490 |
| 　地区 | | | |
| 　　闽北 | −1.159*** | 0.210 | −5.530 |
| 　　闽西 | −0.696*** | 0.177 | −3.930 |
| 　防治组织区域化程度 | 2.273*** | 0.297 | 7.650 |
| 　常数 | −1.775 | 0.557 | −3.190 |
| corr($e.x,e.y$) | −0.321** | 0.166 | −1.930 |

Log likelihood $=$ $-605.96034$　　　　Number of obs $=$ 537

Wald chi$^2$(11) $=$ 31.88　　　　Prob$>$ chi$^2$ $=$ 0.0008

注：***、**、* 分别表示在 1%、5%、10%的统计水平上显著。

本节着重关注防治外包服务对农药施用量的影响。在辅助回归方程中，将年龄、受教育程度、务农经验、种植面积、务农劳动力、稻谷商品化程度、地区等因素纳入控制变量,并加入工具变量"防治组织区域化程度"。分别利用工具变量法、扩展回归模型论证假说,得出结论:与自主防治相比,病虫害防治外包服务能显著促进农药减量。

# 6.2 防治外包服务不同植保机型对农药减量影响的差异与成因分析

基于上述结论,有必要进一步讨论防治外包服务中不同植保机械的使用对农药减量的影响。在原有调研数据中抽取所有参与病虫害防治外包的农户(共 203 户),利用这 203 户的防治数据来测度不同植保机械对农药减量的影响。现有水稻病虫害防治外包机械包括植保无人机式、担架式、背负机动式等类型,本节将防治形式按机械类型分为三类,即背负式防治、担架式防治、植保无人机防治,进一步比较不同植保防治机械对农药减量是否存在差异性并分析其原因。

## 6.2.1 外包决策过程中农药施用管理的差异性分析

植保无人机防治是当前农业病虫害防治形式的研究热点。2014 年,中央一号文件明确提出加强农用航空技术。同年,植保无人机被纳入部分省级(如河南省等)农机购买补贴目录,各地区也设立了防治施肥的示范基地,防治对象包括水稻、玉米和小麦等主要粮食作物,苹果、小白菜等瓜果蔬菜,以及棉花、花生、油葵、油菜、茶叶等经济作物(兰玉彬、王国宾,2018)。由于操作的技术门槛较低,大量金融资本和社会资本进入农用航空行业,促使该行业发展。截至 2017 年底,全国植保无人机保有量达到 1.4 万多架,从事农用航空服务组织 400 余家,无人机防治面积达 1 亿亩[①]。福建省于 2018 年开始将无人机纳入农机购置补贴范围,笔者在调查中了解到,半数以上的防治外包组织采用无人机防治来解决稻田中的病虫害问题。因此,有必要了解防治外包过程中不同防治形式对农药减量的影响。

从植保角度来看,现有植保无人机设计克服了如避障能力、喷头设计等诸多制造难题,与原有的植保无人机相比,现有的植保无人机喷头设计多采用电动离心喷头,使得农药的雾化程度较高,能提高农药使用效率。大量田间试验表明,在水稻抽穗期,一般手动药械的农药利用率约 30%;电动植保药械的农药使用率约为 38%;植保无人机因具备低容量喷雾技术且加入专用助剂,可以提高药液的黏着性和铺展性,使得农药利用率达到 49.1%,可以实现农药减量目的(袁会珠 等,2018;蒲小明 等,2020;闫晓静 等,2021)。从成本效率角度上看,植保无人机防治效率为 5～15 米/秒,与担架式或背负机动式机械相比效率更高,且在稻飞虱高发期用工紧张的背景下,用无人机高效集中打药,可以避免迁飞虫在田间辗转危害,减少农户防治次数。因此,提出假说:与其他防治形式相比,使用植保无人机的防治形式更能实现农药减量施用。

## 6.2.2　模型设定与变量选取

参照已有的研究成果,将防治外包服务过程中影响农药施用行为的因素分为农户社会资本、农业生产特征、农业经营特征、防治组织特征、地区特征这五组变量来分析。

---

① 福建省农学会. 航空植保年作业面积超 1.4 亿亩次 [EB/OL]. (2018-07-31). [2023-10-25]. http://www.fjnxh.org/zhxx/2018-07-31/4476.html.

（1）农户社会资本

以农户是否有合作社成员、村干部来描述农户的社会资本。一般来说，有合作社成员或村干部身份有益于及时获得新农业生产资讯，农户选择友好型生产技术的可能性就更大（张兵 等，2009；褚彩虹，2012）。此外，在政府"两减"政策下，合作社成员、村干部等可能对防治外包服务的农药安全施用起到较强的监督作用。因此，我们预期，农户社会资本对农药施用行为会产生正向影响。

（2）农业生产特征

主要表现为土地质量、种植布局。土地肥力代表了土地质量，土地质量会影响水稻生长期抗病能力，因此，我们预期，土地质量越高，农药减量行为发生的可能性越低。本书将土地质量分为 3 个等级：贫瘠、一般、肥沃，以贫瘠为基准，设置两个土地质量虚拟变量来反映土地质量对防治外包农药施用行为的影响。种植布局主要指相邻作物类型是否一致。作物类型一致可以节约防治外包时间，提高植保防治效率，可能会使农药减量，但作物连片的布局方式也可能导致田间生境单一，增加病虫害流行风险，从而增加农药超量使用的可能性，故种植布局对农药施用行为的影响不确定。

（3）农业经营特征

主要表现为病虫害发生程度、稻谷商品化程度。病虫害发生程度越高，越会促进农药投入；稻谷商品化程度越高的农户，其规避产量风险的意识也越强。因此，我们预期，这两个指标越高，农药超量施用的可能性也越高。

（4）防治组织特征

主要指防治外包形式、组织推广渠道。本书将防治外包形式分为背负式、担架式、无人机式。同时，将组织推广渠道分为政府推介、非政府推介两类，前者包括农机局、农技站等的推介，后者包括种植大户或防治组织上门自荐。

（5）地区特征

引入地区虚拟变量,来反映区域差异对防治外包农药施用行为的影响。文中选取闽南、闽北、闽西 3 个地区变量,以闽南地区为基准。

鉴于上述分析,构建防治外包过程中的农药施用决策函数如下:防治外包的施药决策＝$f$(农户社会资本、农业生产特征、农业经营特征、防治组织特征、地区特征)＋随机扰动项。这里的农药施用是指"与农药说明书的农药使用说明相比是否多施药",结果只有超量与未超量两种结果,可令超标准施药＝1,未超标施药＝0,那么农药的施药决策就为二元选择的因变量,可选用 Probit 模型进行计量分析。设定 Probit 函数如下:

$$y = \Phi(x1, x2, x3, x4, x5, x6, x7, x8, x9) + \varepsilon$$

其中:$y$ 代表施药行为,未按说明书超量配制农药＝1,合理配制农药＝0;$\varepsilon$是残差项。

由于二值响应模型回归系数的经济解释较为困难,通过估计各自变量的边际变化对选择概率边际影响的偏效应来解释比单纯解释回归系数更为合理(Greene,1993),故通过下式考察各变量边际效应:

$$\frac{\Delta P(Y=1 \mid x)}{\Delta x_j} = g(\beta_0 + \beta_j x) + \varepsilon$$

其中:$g(\beta_0 + \beta x)$ 为标准正态分布密度函数,$\beta_j$ 为估计参数。

本小节数据来源于 2018—2019 年笔者对福建省水稻主要种植县 40 个村庄中参与防治外包的 203 户农户的调研,调查所涉及的数据资料均以 2018 年实际防治发生情况为准。影响防治外包农药施用量的变量为 $X$,变量定义与描述性统计结果见表 6-7。

**表 6-7 变量定义与描述性统计结果**

| 变量名称 | 含义 | 均值 | 标准差 |
|---|---|---|---|
| 农药施用 | 是否比说明书标准多施药:是＝1,否＝0 | 0.34 | 0.47 |
| 农户社会资本 | | | |
| 合作社成员($X1$) | 农户是否有合作社成员:是＝1,否＝0 | 0.69 | 0.46 |
| 村干部($X2$) | 家庭成员是否为村干部:是＝1,否＝0 | 0.08 | 0.28 |
| 农业生产特征 | | | |
| 土地质量($X3$) | 田地土壤肥力:贫瘠＝1,一般＝2,肥沃＝3 | 2.26 | 0.52 |
| 种植布局($X4$) | 相邻地块的作物是否一致:是＝1,否＝0 | 0.77 | 0.42 |
| 农业经营特征 | | | |
| 病虫害发生程度($X5$) | 病虫害防治外包后产量损失程度/％ | 4.55 | 10.26 |
| 稻谷商品化程度($X6$) | 稻谷产销比重/％ | 84.44 | 24.02 |
| 防治组织特征 | | | |
| 防治外包形式($X7$) | 采用的防治机械机型:背负式＝1,担架式＝2,无人机＝3 | 2.46 | 0.78 |
| 组织推广渠道($X8$) | 与防治组织联络方式:政府推荐＝1,非政府推荐＝0 | 0.36 | 0.48 |
| 地区特征 | | | |
| 地区虚拟变量($X9$) | 地区:闽南＝1,闽北＝2,闽西＝3 | 2.39 | 0.83 |

## 6.2.3 实证模型估计结果

本部分基于调查数据,在分析前进行自变量的多重共线性诊断。多重共线性指变量之间高度相关,若存在多重共线性,计算自变量的偏回归系数时矩阵不可逆会导致估计结果失真。多重共线性通常使用 VIF(方差膨胀因子)来进行判定,方差膨胀因子越大则多重共线性问题越严重,通常以 10 作为判断边界;当 VIF＜10,表明不存在多重共线性问题;当 10≤VIF＜100,

表明存在较强的多重共线性问题。本书模型变量的平均方差膨胀因子为7.3,小于10,故不存在严重多重共线性问题。

然后,利用Stata15.0统计软件,通过考察不同防治形式对外包过程中农药施用行为的影响来进行Probit模型估计,同时使用robust命令做异方差稳健估计。防治外包过程中不同防治机械对农药施用行为的回归结果见表6-8。

表6-8 防治外包过程中不同防治机械对农药施用行为的回归结果

| 变量 | 系数 | 标准误 | $Z$ 值 | dy/dx |
|---|---|---|---|---|
| 合作社成员 | −0.201 | 0.225 | −0.89 | −0.062 |
| 村干部 | −0.841** | 0.425 | −1.98 | −0.258 |
| 土地质量 | | | | |
| 一般 | −0.829* | 0.504 | −1.64 | −0.280 |
| 肥沃 | −1.343** | 0.527 | −2.55 | −0.434 |
| 种植布局 | 0.498** | 0.284 | 1.75 | 0.153 |
| 病虫害发生程度 | 0.011 | 0.010 | 1.09 | 0.003 |
| 稻谷商品化程度 | 0.006 | 0.005 | 1.21 | 0.002 |
| 防治外包形式 | | | | |
| 担架式 | −0.013 | 0.363 | −0.04 | −0.004 |
| 无人机式 | −0.698* | 0.359 | −1.94 | −0.212 |
| 组织推广渠道 | 0.018 | 0.236 | 0.07 | 0.005 |
| 地区 | | | | |
| 闽北 | 0.447 | 0.392 | 1.14 | 0.101 |
| 闽西 | 1.148*** | 0.411 | 2.79 | 0.324 |
| 常数 | −0.583 | 0.657 | −0.89 | — |

Log pseudo likelihood = −110.08175　　Number of obs = 203

续表

| 变量 | 系数 | 标准误 | Z 值 | dy/dx |
|------|------|--------|------|-------|
| Wald chi²(12) = 40.80 | | | Prob>chi² = 0.0001 | |
| PseudoR² = 0.1540 | | | | |

注：\*\*\*、\*\*、\* 分别表示在 1%、5%、10% 的统计水平上显著。

Wald 卡方值＝40.8 且在 1% 的统计水平上显著，说明模型整体拟合效果较好。根据模型估计结果，村干部、土地质量、种植布局、防治外包形式、地区对防治外包中的农药施用行为具有统计显著性影响，具体分析如下。

（1）农户社会资本方面，结果显示，村干部因素在 5% 水平上具有统计显著性，且符号为负，表示农户有村干部，可能对防治外包服务中的农药安全施用起到较强监督约束作用。在其他变量保持不变的条件下，与无村干部的农户相比，有村干部的农户发生超量施药行为的概率减少 25.8%。

（2）农业生产特征方面，土地质量分别在 10%、5% 水平上具有统计显著性，且符号为负，反映出土地质量会显著影响防治外包服务中的农药施用行为。在其他变量保持不变的条件下，以贫瘠的土地为基准，肥力一般的土地发生超量施药行为的概率减少 28%，而肥沃土地发生超量施药行为的概率减少 43.4%。

（3）农业经营特征方面，种植布局在 5% 水平上具有统计显著性且符号为正，表示相邻地块作物布局越单一，防治过程中发生农药超量施用行为的可能性越大。在其他变量保持不变的条件下，与多样种植相比，连片种植发生超量施药行为的概率会增加 15.3%。可能的原因在于，单一化规模种植会更有利于病原物增殖，可能增加病虫害流行风险。需要说明的是，尽管规模防治可能出现负外部性，但目前水稻病虫害防治外包服务由于具有机械效率与防治技术上的优势，可以抵消不利影响，总体上还是可以促进农药减量施用的。

（4）防治组织特征方面，无人机式在 10% 统计水平上显著，且符号为负。

计算边际效应可得 $dy/dx=0.212$,表示在其他变量保持不变的条件下,与背负式防治方式相比,使用无人机防治会使得防治过程中发生超量施药行为的概率减少21.2%。此外,担架式系数为负,且通过计算边际效应可以发现,与背负式相比,担架式使得防治外包过程中发生超量施药行为的概率减少0.4%。

(5)地区特征方面,闽西在1%统计水平上显著且符号为正。计算边际效应可得 $dy/dx=0.324$,说明与闽南地区相比,闽西地区在防治过程中超量施用农药行为的发生概率增加32.4%。可能的原因在于,地区间气候条件差异导致病虫害流行程度有所不同,加之地区间所采用的植保机械的先进程度以及政策扶持力度也存在差异,导致防治外包组织施药行为存在差异。

## 6.3　水稻防治外包对生物农药施用的影响

传统农业经济习惯将自然资源工具化,一味重视农田使用价值而忽视内在生态成本,导致农田因长期累积的"亚健康"状态面临病虫害流行、水土流失、农业面源污染等一系列生态困境,迫使粮食质量、粮食安全面临威胁。党的十八大以来,中央与地方政府陆续出台《关于创新体制机制推进农业绿色发展的意见》、《农业绿色发展技术导则(2018—2030 年)》、《"十四五"全国农业绿色发展规划》等文件,将生态文明理念引入农业经济循环发展,回归对农田的人文关怀,这也是绿色农业发展的价值旨归。

生物农药推广与运用是绿色农业发展的重要趋势,它是指直接利用生物活体或其代谢产物制成的、用于防治病虫草害等有害生物的农药制剂,或者是通过仿生合成的、与天然化合物结构相同的、具有除虫治病作用的农药制剂①。尽管它具有选择性强、生态环境友好的特点,但在现有农药市场上所占的份额不足 10％(罗小锋 等,2020),推广面临着诸多现实困境。首先,农田地权的"三权分置"使土地具有准公共品属性,采纳生物农药所产生的多数效益(包括生态效益等)更多地体现公共属性,施用生物农药需要依靠政府激励与约束措施来引导和规范。其次,生物农药成本投入大,回报周期长,采纳行为人往往不能获得立竿见影的经济回报,加之对施药的专业性要求较高,故不乏施药意愿与施药行为相悖离的现象。尤其是在大量农村青壮劳动力流向城市的背景下,在大部分缺乏区位优势以及错失乡村工业化机遇的农业地区,农业变成以老年人为主的农业(贺雪峰,2018)。面对日益严峻的农业劳动力老龄化问题,生物农药能否得到广泛而有效的采纳尚存争议。

近些年,农业专业化分工已嵌入农业种植各生产环节中,农业外包服务伴随着农机、农技发展而逐渐成熟。农户可通过购买专业化组织的外包服务来弥补自身生产要素的不足,尤其是防治环节的外包服务能显著促进农业绿色生产效率的提高。由专业化组织代理病虫害防治不仅能减少劳动力的体力约束,更重要的是还能在农田现场病害诊断、防治操作方面为农户提供高质量的病虫害防控信息,这可以降低农田的病虫害流行风险。然而,早期病虫害防治组织是由村、镇级农机农技站工作人员组织进行试点的,有限的服务规模和服务内容使得组织运营利润较低,人员流动性强,发展逐渐萎缩。经过多年的市场选择,如今病虫害防治外包组织运营由合作社或有农资属性的多元农业经营主体参与。这种商业演化带来了丰富的农资服务与防治信息,同时,病虫害防治外包组织的统筹功能、销售渠道扁平化都使得

① 福建省农业农村厅互动知识库[EB/OL].(2021-11-5)[2023-09-23]. http://www.fj.gov. cn/hdjl/hdjlzsk/nyt/zz/202111/t20211105_5765603.htm.

生物农药施用成本降低。理论上,病虫害防治外包服务可促进农田生物农药施用,但目前关于病虫害防治外包服务与生物农药施用关系的相关实证研究还相对较少。因此,有必要全面探讨病虫害防治外包服务与生物农药施用的逻辑关系,该问题的解答将有助于拓展绿色生产行为的理论,论证农业防治专业化外包服务的应用前景,为促进农业绿色发展提供实践价值。

## 6.3.1　理论分析

生物农药具有高效、低毒、低残留的优点,但同时也存在见效慢、成本高的问题。个体农户信息获取能力较弱、信息渠道相对有限,选择生物农药会增加农户的用药成本、信息搜寻成本及生产和操作风险(何泽军 等,2022)。当农户在做防治决策时,可能更关心新技术或服务的采纳能否带来更高、更稳定的经济收益,而忽视采纳生物农药所产生的生态效益。由于生物农药在短期内的经济效益并不明显,老龄化程度越高的农户可能越会倾向于选择传统化学农药进行防治。病虫害防治外包组织作为病虫害防治操作的集约化平台,能较大程度地提高农田生物农药施用行为的经济性,促进生物农药施用行为的推广,具体路径如图 6-1 所示。

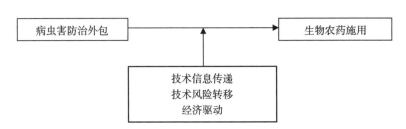

**图 6-1　病虫害防治外包组织促进生物农药施用行为推广的路径**

一是技术信息传递。在信息不对称的农业技术市场,社会网络在传播中的作用不容忽视。农户通过参与病虫害防治外包服务,直接与专业化防治组织对接,无疑拓宽了农业信息交流渠道,减少了技术信息传递成本。以专业化组织为载体的绿色病虫害防控技术可以在这种非正式渠道进行传播,有效摆脱行政推广的单一渠道,帮助农业劳动力解放思想,将新兴知识技术转化为民间意识(彭柳林 等,2019;赵秋倩 等,2020)。

二是技术风险转移。由于病虫害防治结果的好坏直接关系到作物产量,防治环节的契约外包实际上是防治主体的转变,病虫害防治风险由个体农户转移到防治专业化组织,这无形中化解了农户担心新技术使用不当而面临的产量损失风险。不仅如此,随着病虫害防治外包服务的推广,小规模农户在大田连片种植粮食作物,他们之间的种植决策和生产技术有较强的可模仿性和相似性,存在某种形式的集体决策(杨志武、钟甫宁,2010),那么新生态技术、新防治方式是否对症就成为集体共同承担的结果,这使得农户更乐于以集体行动采用生物农药技术,进而规避单一个体可能遇到的技术不确定性,这也促使农户更多地尝试生物农药施用。

三是经济驱动。病虫害防治组织具有合作社等多重企业属性,因而其销售模式与传统农药销售模式不太一样。传统农药销售需要经过省、市、县、镇、村经销商最后到达农户手中,但农户参与病虫害防治外包后,防治专业化组织可直接上门为农户提供服务,这种销售渠道的扁平化使得生物农药具有成本经济性,而且对农户而言,也可利用更低的经济成本和时间成本来提升生物农药施用的执行力。

综上,提出假说:农户参与水稻病虫害防治外包服务能促进农田生物农药施用。

## 6.3.2　模型设定与变量选择

(1)模型设定

由于生物农药施用行为属于离散选择问题,故采用二元 Logit 模型估计水稻病虫害防治外包服务对农田生物农药施用行为的影响。设 $Y^*$ 为不可观测潜变量,而 $Y$ 与 $X$ 可观察,令

$$Y = \begin{cases} 1(Y^* > 0) \\ 0(Y^* \leqslant 0) \end{cases} \tag{1}$$

具体如式(2):

$$Y = \alpha + \beta X_1 + \theta X_i + \mu \tag{2}$$

其中:被解释变量 $Y$ 表示农户是否进行生物农药施用行为,施用生物农药赋值为1,未施用赋值为0;关键解释变量 $X_1$ 表示是否参与病虫害防治外包服务;$X_i$ 则表示农户特征、家庭生产经营特征、地区等一系列控制变量;$\mu$ 为随机扰动项;$i$ 为变量个数。需要注意的是,该模型为非线性模型,在其他条件不变的情况下,参数估计不能直接比较某个自变量对因变量的影响,因此通过自变量的边际效用、估计方向、显著性来说明农户参与水稻病虫害外包服务对生物农药施用的影响。

(2)变量选择

数据来自2018—2019年笔者对福建省水稻种植与防治情况的调研,采用分层抽样方式,依据福建省统计局水稻产量数据资料与《福建省人民政府关于建立水稻生产功能区的实施意见》,选择被纳入水稻生产功能区目录的地区,最终确定10个县作为调研地区,各县随机抽取2个镇,每镇抽取2个村,分别访问农户与提供服务的病虫害专业化组织,以确保调研地区水稻种植生产的代表性,最终回收有效问卷537份。变量定义与描述性统计结果见表6-9。

①关键变量。因变量为"农户生物农药施用行为",定义为是否施用生物农药,施用=1,未施用=0,用来统计生物农药的施用情况。自变量为"病虫害防治外包服务",定义为是否参与病虫害防治外包服务,参与=1,未参与=0。

②其他控制变量包括农户特征(年龄、教育程度、务农经验、兼业程度)、

家庭生产经营特征（收入占比、务农劳动力、种植面积、农业合作社、稻谷商品化程度）、地区。对种植面积使用对数变换法处理异方差性问题。

表 6-9　变量定义与描述性统计结果

| 变量 | 定义 | 均值 | 标准差 |
|---|---|---|---|
| 因变量 | | | |
| 农户生物农药施用行为 | 是否施用生物农药：施用＝1，未施用＝0 | 0.75 | 0.43 |
| 自变量 | | | |
| 病虫害防治外包服务 | 是否参与病虫害防治外包服务：参与＝1，未参与＝0 | 0.38 | 0.49 |
| 控制变量 | | | |
| 年龄 | 受访农户的年龄 | 52.12 | 9.82 |
| 受教育程度 | 户主受教育年限/年 | 6.99 | 3.23 |
| 务农经验 | 截至调查时间从事水稻种植时间/年 | 29.93 | 12.89 |
| 兼业程度 | 是否有兼业行为：兼业＝1，未兼业＝0 | 0.43 | 0.50 |
| 收入占比 | 农户家庭中农业收入占总收入的比重 | 0.55 | 0.36 |
| 务农劳动力 | 单位种植面积所投入的务农人口数/（人/亩） | 0.87 | 1.58 |
| 种植面积 | 水稻种植面积/亩 | 31.06 | 66.91 |
| 农业合作社 | 是否参与合作社：参与＝1，未参与＝0 | 0.38 | 0.49 |
| 稻谷商品化程度 | 用于销售的稻谷比重 | 0.60 | 0.40 |
| 地区 | 闽南地区＝1，闽北地区＝2，闽西地区＝3 | 1.86 | 0.74 |

## 6.3.3　病虫害防治外包对生物农药施用的回归结果分析

使用 Stata15.0 软件操作 Logit 模型，得到病虫害防治外包对生物农药施用的估计结果（如表 6-10 所示），在此基础上使用边际效应命令，求病虫害防治外包的边际影响,结果显示:X 的边际数值等于 0.098,且"病虫害防治外包"变量在 5%的统计水平上显著,这意味着与未参与防治外包的农户相比,参与防治外包的农户生物农药施用行为的发生概率会显著增加 9.8%。此外,在控制变量方面,农户参与合作社也会增加生物农药施用行为的发生概率,务农人力资本投入与农资要素投入呈现显著的替代关系。

表 6-10　病虫害防治外包对生物农药使用的回归结果

| 变量 | 系数 | 标准误 | $t$ 值 | $p$ 值 | 95%置信区间 | Sig |
|---|---|---|---|---|---|---|
| 病虫害防治外包服务 | 0.594 | 0.293 | 2.03 | 0.043 | 0.019 | 1.169** |
| 年龄 | −0.042 | 0.022 | −1.90 | 0.058 | −0.085 | 0.001* |
| 受教育程度 | −0.063 | 0.037 | −1.71 | 0.086 | −0.135 | 0.009* |
| 务农经验 | 0.003 | 0.017 | 0.17 | 0.866 | −0.03 | 0.036 |
| 兼业程度 | 0.135 | 0.259 | 0.52 | 0.603 | −0.373 | 0.642 |
| 务农劳动力 | −0.426 | 0.147 | −2.89 | 0.004 | −0.715 | −0.137*** |
| 种植面积 | −0.211 | 0.155 | −1.36 | 0.173 | −0.514 | 0.092 |
| 农业合作社 | 0.532 | 0.294 | 1.81 | 0.071 | −0.045 | 1.109* |
| 稻谷商品化程度 | −0.001 | 0.005 | −0.16 | 0.871 | −0.01 | 0.008 |
| 收入占比 | −0.005 | 0.004 | −1.33 | 0.183 | −0.012 | 0.002 |
| 地区 | 0 | — | — | — | — | — |
| 　闽北 | 0.485 | 0.308 | 1.57 | 0.115 | −0.119 | 1.088 |
| 　闽西 | 0.548 | 0.327 | 1.67 | 0.094 | −0.094 | 1.19* |
| 常数 | 4.081 | 1.11 | 3.68 | 0 | 1.905 | 6.257*** |

Number of obs = 537

Wald chi$^2$(12) = 40.86

Prob> chi$^2$ = 0.0001

注:***、**、*分别表示在 1%、5%、10%的统计水平上显著。

# 6.4　小结

本章的研究过程和结论如下：(1)实证论证病虫害防治外包行为对农药施用的影响，分别使用 ERM 模型与工具变量法进行参数估计，得出防治外包与自主防治相比能显著减少农药施用量的结论。(2)在此基础上，比较不同防治形式对农药施用行为的影响是否存在差异性。在其他变量保持不变的条件下，与背负式防治相比，植保无人机的使用使得农药超量施用行为的发生概率减少 21.2%。值得注意的是，在 Probit 模型中种植布局因素在5%统计水平上显著，且符号为正，反映出水稻种植规模适度的必要性。相邻地块作物布局越单一，发生农药超量施用行为的可能性越大，二者存在显著正相关。这一实证结论与植物病理学观点相吻合，按照植物病理学的观点，病虫害的发生与流行是随着时间的推移，病原物或虫源积累并与植物发生互作的过程。单一化规模种植不仅有利于病原物增殖，而且会使土壤营养物质发生偏耗，容易发生土传性病害，而作物在品种配置上的适度多样化可以丰富田间生境，给捕食性天敌天然的繁殖区与避难所，更有利于农田生态健康发展。(3)病虫害防治外包能显著增加生物农药施用行为的发生概率，推动农业防治外包与绿色生产的融合发展，是未来现代化农业发展的趋势所在。

# 7 植保机械购置补贴 对防治外包服务决策的影响

长期以来,中国处于"大国小农"的基本国情下(叶敬忠 等,2018;钟真,2019),如何解决传统小农生产与农业现代化的有机衔接问题已经成为近年来政府和学术界关注的热点。政府在对面临低效困境的小农生产融入机械现代化要素的议题方面作出积极实践。2004 年,中央 1 号文件提出"提高农业机械化水平,对农民个人、农场职工、农机专业户和直接从事农业生产的农机服务组织购置和更新大型农机具给予一定补贴"。同年,《中华人民共和国农业机械化促进法》出台,鼓励、扶持农民和农业生产经营组织使用先进、适用的农业机械。2018 年,农业农村部办公厅、财政部办公厅联合印发了《2018—2020 年农业机械购置补贴实施指导意见》(农办财〔2018〕13 号)。根据统计,截至 2018 年底,中央财政累计投入 2047 亿元,扶持 3381 万农户购置农机具 4310 万台(套)。其中,植保机械购置补贴一直是农机补贴政策的重要组成部分,2016 年,湖南省各级财政用于高效植保机械补贴资金达 2000 多万元,浙江省通过财政资金扶持专业化防治组织新添置高效植保机械 3000 余台(套)。2020 年 1—10 月,我国政府已支持 5482 位农户和农业生产经营组织购置植保无人机 11178 架(见农业农村部农机化司发布的《2020 年全国农机购置补贴政策实施情况》),整体上看机械补贴政策响应程度高且增收增效显著。但有学者研究发现,近年来购机补贴政策出现边际效益递减的趋势(徐峰 等,2019;张恒、郭翔宇,2020)。此外,随着城镇化发展,农村劳动力流向城市务工,导致投入田间的务农劳动力不足。在此背景下,农业外包服务受到农业经营者重视。

农业外包服务是将农业生产的部分环节或全部环节外包给生产大户、专业化服务队或农业合作社(统称为接包方)作业的一种行为(蔡荣、蔡书凯,2014)。2012年,党的十八大提出培育和支持新型农业社会化服务组织。2017年,农业部办公厅、财务部办公厅联合印发《关于支持农业生产社会化服务工作的通知》(农办财〔2017〕41号),重点支持服务组织为小农户提供深耕深松、工厂化育秧、统防统治等关键环节的生产托管服务,鼓励组织对接农户的有偿服务模式,在此背景下,农业外包服务逐渐成为农业现代化发展的主要途径。一方面,外包服务能替代家庭劳动力,解决劳动力向非农部门转移造成的农业劳动力短缺问题,满足多样化的生产需求(申红芳 等,2015;吴萍 等,2019)。另一方面,外包服务可实现特定生产环节的规模经营(姜松 等,2016;孙顶强 等,2019;李宁 等,2020)。外包服务可以被看作农业分工的体现(胡新艳 等,2016;李宁 等,2019;苏柯雨 等,2020),但只有聚合多个农户需求并形成服务市场容量才能发挥显著作用(罗必良,2017)。近年来,学界对农业防治外包进行了有益的探讨,发现农业各环节的外包参与度存在明显差异,尤其是在防治环节存在外包参与率较低的现象(申红芳 等,2015),但并未给出明确解释。与此同时,部分学者关注外部环境对外包服务选择的影响,如农地确权对农机外包的影响(李宁 等,2020)、考察社会化服务与土地流转经营之间的关系(钟真 等,2020),但已有研究中将购机补贴与农业外包服务政策纳入同一分析框架的并不多见。

植保机械补贴政策与农业外包服务政策作为两种推动提高病虫害防治现代化水平的政策模式,其现实路径存在差异,两者存在何种关系有待进一步厘清。因此,本章基于外部公共政策视角,将植保机械补贴政策纳入防治外包服务参与行为的逻辑框架,利用2018—2019年福建省水稻主产地防治微观调查数据,识别植保机械购置补贴政策对防治外包服务采纳的影响,这不仅为行为经济学中的有限理性理论提供实证案例,同时为政府部门的决策者更新农机农技、推动农业外包服务提供较为科学的参考建议。

# 7.1　理论分析与研究假设

植保机械购置补贴对防治环节的外包服务参与的影响包含"愿望竞争"和"沉没成本"效应两个方面。

首先,植保机械购置补贴政策与防治外包服务的服务对象相同,且政策推行时间存在重叠期(福建省植保机械购置补贴政策与病虫害防治外包服务政策分别从 2006 年、2010 年起正式推广至今),且所满足的农户的防治需求是相同的。就植保机械购置补贴政策而言,农户通过补贴政策购买新型植保机械,提升对水稻病虫害的自主防治效率;农户采纳防治外包服务的原因主要是通过外包组织机械的防治效率优势达到缓解劳动力约束情况的目的。虽然实现路径不同,但本质上植保机械购置补贴政策与防治外包服务都是通过改变农业机械投入来影响农户的防治效用,二者同属"愿望竞争者"。

其次,存在"沉没成本"效应。植保机械购置补贴政策起始时间早且已进入常态化推广阶段,该政策有效引导农户对家庭植保机械的更新换代,农户整体响应程度高。尽管防治外包服务因先进的农机农技而具备效率优势,但农户在进行购买决策时不仅需要考虑消费能带来多大利益,而且更趋向于将过去的投入和现在的付出加在一起作为总成本,来衡量决策的后果(李爱梅、凌文辁,2007)。因此,在现实消费决策中,农户很难忽视先前家庭新购植保机械的投入,会将这部分不可回收的支出视为"沉没成本"。农户的实际购买决策过程是一种心理运算过程,如果购买的产品或服务没有使用或没有达到预期,农户会认为这是损失(王利萍、李爱梅,2010),而已买到的产品的使用次数越多,农户越会认为是划算的。换言之,农户申请植保机械购置补贴来购买产品,在购买过程已为此支付过时间成本、资金成本,便会自然地提高所购买的新型植保机械的使用频率,从而对其防治外包服务投资产生消极影响。同时,农户所购的新型植保机械的资产价值会随着时间推移产生贬损,这使得沉没成本效应具有时间性。

基于上述分析,提出研究假设:植保机械购置补贴会降低防治环节的外包服务采纳程度,但这种抑制作用会随着时间的推移而减弱。

# 7.2 数据来源与描述性统计

## 7.2.1 数据来源

数据来自 2018—2019 年对笔者福建省 10 个县 40 个村水稻防治情况调查。在调查过程中,采用分层抽样的方式,依据福建省统计局的水稻产量数据资料与《福建省人民政府关于建立水稻生产功能区的实施意见》,选择被纳入水稻生产功能区目录的地区,最终确定邵武、尤溪、长汀、永春等 10 个县作为调研地区,采用随机选择的方式,每个县抽取 2 个镇,每镇抽取 2 个村,合计 40 个村,以确保调研地区水稻种植生产的代表性。然后,面向这 40 个村发放问卷,每村随机抽取 15 户(个别村抽取 12 户、13 户或 14 户),共计发放问卷 600 份,实际回收有效问卷 537 份,有效率约为 89.5%。

## 7.2.2 描述性统计

将调查样本主要分为 4 种类型进行描述性统计:类型 Ⅰ = 无植保购机补贴且无防治外包,类型 Ⅱ = 有植保购机补贴无防治外包,类型 Ⅲ = 无植保购机补贴有防治外包,类型Ⅳ＝有植保购机补贴且有防治外包。在 537 个观测样本中:参与防治外包服务的有 203 个,防治外包参与度为 37.8％;享有植保机械购置补贴政策的有 110 户,占比为 20.48％;两者均有的农户比重不高,占比仅为 11.55％。

4 种类型农户的特征比较见表 7-1,从表中可见,在农业决策者年龄、务农经验特征方面差异性不大,但在受教育程度、劳动力投入、合作社成员、家庭拥有防治机械数量、种植面积等生产特征方面存在较为明显的差异。统计结果显示:(1)有购机补贴或参与防治外包的农户,其单位面积劳动力投入相对较小,务农热情更高;(2)有购机补贴的农户中,加入合作社的占60.42％;参与防治外包的农户中,加入合作社的占 65％;同时参与上述两项政策的农户中,有 81％的农户加入合作社,表明农户加入合作社与农户对政策的响应存在一定相关性;(3)规模种植、土地资源(如地形、肥力)禀赋优势越明显的农户,越积极参与上述政策。

表 7-1　观测样本中 4 种类型农户的特征比较

| | 无购机补贴<br>无防治外包 | 有购机补贴<br>无防治外包 | 无购机补贴<br>有外防治外包 | 有购机补贴<br>有防治外包 |
|---|---|---|---|---|
| 类型分布/户 | 286 | 48 | 141 | 62 |
| 年龄/岁 | 53.36 | 49.50 | 51.33 | 50.21 |
| 受教育程度/年 | 6.60 | 7.71 | 7.06 | 8.10 |
| 务农经验/年 | 31.11 | 27.23 | 28.92 | 28.71 |
| 单位面积劳动力数量/(人/公顷) | 20.98 | 4.50 | 4.44 | 2.32 |
| 合作社成员比重/％ | 12.24 | 60.42 | 65 | 81 |
| 家庭拥有防治机械数量/台 | 1.31 | 2.75 | 1.82 | 3.24 |
| 种植面积/(公顷/户) | 0.76 | 3.59 | 3.28 | 4.20 |
| 病虫害发生程度/％ | 5.28 | 8.32 | 4.19 | 5.50 |

续表

|  |  | 无购机补贴<br>无防治外包 | 有购机补贴<br>无防治外包 | 无购机补贴<br>有外防治外包 | 有购机补贴<br>有防治外包 |
|---|---|---|---|---|---|
| 作物种植的<br>土地地形/% | 洼地 | 13.98 | 12.50 | 2.13 | 27.42 |
|  | 平原 | 41.96 | 20.83 | 31.21 | 19.35 |
|  | 丘陵 | 44.06 | 66.67 | 66.66 | 53.23 |
| 作物种植的<br>土壤肥力/% | 贫瘠 | 2.80 | 0.00 | 5.67 | 1.61 |
|  | 一般 | 83.57 | 81.25 | 73.05 | 50.00 |
|  | 肥沃 | 13.63 | 18.75 | 21.28 | 48.39 |

数据来源：根据调研数据整理而得，四舍五入保留至小数点后两位。

# 7.3　植保机械补贴政策对防治<br>外包决策的实证分析

## 7.3.1　计量经济模型设定

由于农户防治外包行为属于离散选择问题，故采用二元选择 Probit 模型来检验植保购置补贴政策对农户防治外包行为的影响，设 $Y^*$ 为不可观测的潜变量，而 $Y$ 和 $X$ 可观测，令：

$$Y = \begin{cases} 1(Y^* > 0) \\ 0(Y^* \leqslant 0) \end{cases} \tag{1}$$

具体模型如下：

$$Y^* = \alpha_0 + \alpha x_{sub} + \beta_i x_i + \nu \tag{2}$$

其中：$x_{sub}$ 为是否参与购置补贴政策；$x_i$ 为其他影响农户参与防治外包的因

素；$\alpha_0$、$\alpha$、$\beta_i$ 为模型的待估参数；$\nu$ 为随机扰动项，服从正态分布，$\nu \sim N(0,1)$；$i$ 为变量个数。

假设第 $i$ 个农户是否参与水稻防治外包，是由一种不可直接观测的效用指数 $Y^*$ 决定的，效用指数 $Y^*$ 又由某些解释变量 $X$ 决定。当 $Y^* > 0$、$Y = 1$ 时，表示第 $i$ 个农户参与防治外包；当 $Y^* \leqslant 0$，$Y = 0$ 时，表示第 $i$ 个农户不参与防治外包。由于该模型为非线性模型，在其他条件不变的情况下，参数估计值不能直接比较某个自变量对因变量的影响，因此通常使用边际效应来进行解释。

## 7.3.2　变量选取

现有文献指出，影响农业服务外包的因素主要包括农户个人特征（邹杰玲 等，2018；毛慧 等，2018）、家庭生产特征（纪月清 等，2016；陆岐楠 等，2017；罗明忠 等，2019）、土地经营特征（蔡键 等，2017；蔡荣 等，2019；邸帅 等，2020）、外部环境因素（申红芳 等，2015；邸帅 等，2020）。结合已有文献和前述理论，选取"植保购机补贴"作为关键解释变量纳入模型当中进行估计，另外选取的其他解释变量，包括农户个体特征变量（年龄、受教育年限、兼业、务农经验、社会网络）、家庭生产经营变量（单位面积务农劳动力、种植面积、商品化程度、合作社成员）、外部环境变量（防治外包服务范围）。变量含义及描述性统计结果如表 7-2 所示。

表 7-2　变量含义及描述性统计结果

| 类别 | 变量名称 | 变量含义与赋值 | 均值 | 标准差 |
|---|---|---|---|---|
| 被解释变量 | 防治外包 | 植保作业是否外包？是＝1；否＝0 | 0.38 | 0.49 |
| 关键解释变量 | 植保购机补贴 | 是否享受植保机械购置补贴政策？<br>无补贴＝1，近三年补贴＝2，大于三年补贴＝3 | 1.27 | 0.58 |

续表

| 类别 | 变量名称 | 变量含义与赋值 | 均值 | 标准差 |
|---|---|---|---|---|
| 其他解释变量 | 年龄 | 截至 2018 年的农户年龄/年 | 52.12 | 9.82 |
| | 受教育年限 | 农户受教育程度/年 | 6.99 | 3.23 |
| | 兼业 | 农户是否兼业？是＝1;否＝0 | 0.43 | 0.5 |
| | 务农经验 | 截至 2018 年从事水稻种植时间/年 | 29.93 | 12.89 |
| | 社会网络 | 相识的朋友数或其他熟人数/人 | 6.69 | 17.45 |
| | 单位面积劳动力 | 单位种植面积的务农劳动力投入/(人/亩) | 0.87 | 1.58 |
| | 种植面积 | 种植面积/亩 | 31.06 | 66.91 |
| | 商品化程度 | 稻谷用于销售的比重 | 0.60 | 0.40 |
| | 合作社成员 | 农户是否有合作社成员？是＝1;否＝0 | 0.38 | 0.49 |
| | 防治外包服务范围 | 防治外包服务是否覆盖本村？是＝1;否＝0 | 0.76 | 0.43 |

注:四舍五入,保留至小数点后两位。

### 7.3.3 实证结果与分析

运用 Stata15.0 软件对所调查的 537 份农户截面数据进行 Probit 回归分析,在数据处理过程中采用极大似然估计法,得到植保购机补贴对防治外包服务影响的估计结果,如表 8-3 所示。表中数据显示,Probit 模型似然比检验统计量 LR chi$^2$(12)＝253.869 且 Prob＞chi$^2$＝0.000,由此可以看出模型整体达到显著水平,拟合程度良好。

从表 7-3 可以看出,植保购机补贴下的近三年补贴在 1% 的水平上具有显著性且系数符号为负,表示近三年农户参与植保机械购置补贴政策对其防治外包服务的采纳产生消极影响,再利用标记效应命令,计算"近三年补贴"的 $dy/dx$,结果为 $-0.1929$。这说明,在其他条件不变的情况下,相较于没有参与购机补贴政策的农户而言,近三年享受购机补贴政策的农户发生防治外包行为的概率减少 $19.29\%$。享受购机补贴政策超过三年对农户参与防治外包行为的影响不显著,说明这种负向影响会随着时间变化而减弱,这与本章提出的研究假说相一致。

在控制变量方面,商品化程度和合作社成员这两个因素对农户参与防治外包服务意愿有显著的正向影响。在外部环境方面,防治外包服务范围对农户参与防治外包服务意愿有显著的正向影响。在其他条件不变的情况下,与外包服务没有覆盖本村相比,外包服务覆盖本村会增加农户购买防治外包服务行为的发生概率。

表 7-3 植保购机补贴政策对防治外包服务影响的估计结果

| 数量 | 系数 | 标准误 | $t$ 值 | $p$ 值 | 95%置信区间 | | Sig |
|------|------|--------|--------|--------|------|------|------|
| 植保购机补贴(参照组:没有补贴) | | | | | | | |
| 近三年补贴 | $-0.829$ | 0.223 | $-3.72$ | 0 | $-1.266$ | $-0.393$ | *** |
| 大于三年补贴 | $-0.007$ | 0.251 | $-0.03$ | 0.979 | $-0.499$ | 0.486 | |
| 年龄 | $-0.004$ | 0.014 | $-0.27$ | 0.79 | $-0.031$ | 0.023 | |
| 受教育年限 | $-0.02$ | 0.025 | $-0.82$ | 0.411 | $-0.069$ | 0.028 | |
| 务农经验 | 0.001 | 0.01 | 0.14 | 0.89 | $-0.019$ | 0.021 | |
| 合作社成员 | 0.844 | 0.148 | 5.71 | 0 | 0.555 | 1.134 | *** |
| 商品化程度 | 1.132 | 0.24 | 4.72 | 0 | 0.663 | 1.602 | *** |
| 社会网络 | 0.004 | 0.004 | 0.99 | 0.322 | $-0.004$ | 0.013 | |
| 兼业 | $-0.075$ | 0.145 | $-0.52$ | 0.605 | $-0.36$ | 0.209 | |
| 单位面积劳动力 | $-0.24$ | 0.092 | $-2.61$ | 0.009 | $-0.42$ | $-0.059$ | *** |
| 种植面积 | $-0.001$ | 0.001 | $-1.11$ | 0.268 | $-0.004$ | 0.001 | |
| 防治外包服务范围 | 1.19 | 0.314 | 3.78 | 0 | 0.573 | 1.806 | *** |

续表

| 数量 | 系数 | 标准误 | $t$ 值 | $p$ 值 | 95％置信区间 | Sig |
|---|---|---|---|---|---|---|
| 常数 | −1.938 | 0.658 | −2.94 | 0.003 | −3.228 | −0.648 *** |
| Mean dependent var | | 0.378 | | SD dependent var | | 0.485 |
| Pseudo $r$-squared | | 0.356 | | Number of obs | | 537 |
| Chi-square | | 253.869 | | Prob> chi² | | 0.000 |
| Akaike crit. (AIC) | | 484.289 | | Bayesian crit. (BIC) | | 540.007 |

注:***、**、*分别表示在1％、5％、10％的统计水平上显著。

# 7.4 结论与建议

本章利用 Probit 模型对福建省水稻主产区 537 户农户进行植保购机补贴政策对防治外包服务参与的回归分析,结果显示:近三年享受购机补贴的农户购买防治外包服务的概率会减少 19.28％,而三年前植保购机补贴政策对农户防治外包服务参与的影响不显著。这意味着,农户可能会利用购机补贴更新植保机械机型,并且,由于农户会提高新型植保机械的使用频率,其参与防治外包服务的意愿会降低。也就是说,植保购机补贴政策与防治外包服务,存在一定程度的消费替代,但这种替代关系会随着时间而减弱。因此,在提升农业防治机械装备现代化水平的政策制定方面,可从以下两个方面进行补充调整。

(1)植保机械购置政策补贴资金分配的重心应落在外包组织防治机械的更新升级上。建议植保机械购置补贴政策做好服务对象细分,进行分类分档补贴(徐峰 等,2016)。可依据购买群体经营规模差异来划分不同的资金补贴档次,优先向有防治外包组织性质的合作社倾斜,提高外包组织的防治效率,扩大防治外包的服务范围,补贴如植保无人机等新型植保设备以促进外包组织在农机、农技方面专业优势的发挥。

(2)因地制宜地做好政策推广区划。考虑到享受植保机械补贴政策的农户在一定时期内防治外包服务的购买需求会减少,因此有必要因地制宜地满足农户内在防治需求,如对于经济发展较快的地区,农户兼业机会选择较多,更适合防治外包服务的推广;对于经济发展薄弱的传统水稻产区,农户务农热情较高且田间管理时间投入相对较多,更适合推行植保机械购置补贴政策。

# 8 主要结论与政策建议

本章主要对福建水稻病虫害防治外包服务现状、影响农户参与病虫害防治外包服务与防治规模的因素、防治外包对农药施用的影响这三部分内容的有关结论进行总结。根据这些结论,提出相应的政策建议,同时就还未解决的问题做进一步的讨论,说明后续的研究方向。

## 8.1 主要结论

本书主要分析福建水稻病虫害防治外包的现状,厘清影响防治外包服务参与、防治外包服务规模的主要因素,以及外包服务对农药施用行为的影响。根据对上述三方面问题的研究结果,得出以下主要结论。

### 8.1.1 福建水稻病虫害防治外包服务现状调查

在水稻病虫害防治外包服务对象方面,防治外包更能吸引中等种植规模农户参与。部分学者也持有类似观点,认为植保机械作业外包的选择概率随着农户土地规模的增大呈现出先上升后下降的倒 U 形趋势(邸帅 等,2020)。可能的原因在于:中等规模农户虽然有进行高效机械作业的需求,但自购先进植保机械可能导致不经济,从而偏向购买防治外包服务,而对于规模大户而言,自购先进植保机械的概率较大,因此防治外包需求较小。在"购买防治外包服务"的主要方面:有 50.64% 的农户购买防治外包服务的目的是提高劳动效率、节约人力投入,且在水稻种植期内因防治外包平均每户能节省 10.5 个工日;有 26.38% 的农户的购买目的是"节省农药费用";7.77% 的农户的购买目的是"节约植保机械购买费用";6.81% 的农户是为了"避免病虫害损失、提高产量";有 8.4% 的农户因"防治专业"而参与外包服务。

在防治外包组织方面,防治外包组织的机械选择上多采用航空植保方式,植保防治机械主要机型占比依次为:无人机式占 63.55%,担架式占 25.62%,机动背负式占 10.83%。自主防治主要机械类型占比依次为:手动背负式占 45.91%,机动背负式占 42.22%,担架式占 8.97%,无人机式占 2.9%。因此,防治外包与自主防治相比,在机型选择先进性上有优势。在防治外包组织的服务内容上,除了常规的喷洒农药项目外,还有种子杀毒服务、虫情测报等。调查中,有 47 户农户购买种子杀毒服务,占比为 23.15%;有 46 户农户购买虫情测报服务,占比为 22.66%;有 27 户农户购买喷洒化肥服务,占比为 13.3%。

在政府支持方面,政府起到中介、引导与协调的作用,有 36.45% 的农户依靠当地农技站或植保站联系外包组织,最终达成服务协议,同时有 70% 以上的农户享有防治外包的政府补贴。

## 8.1.2　影响农户对病虫害防治外包服务响应程度的因素

在调研的 537 户农户中,参与病虫害防治外包服务的有限,有 203 户,占比为 37.8%。Heckman 模型估计结果显示:务农劳动力、农户是否有合作社成员、种植面积、种植收入比重、防治组织服务范围、地区是影响农户病虫害防治外包参与行为的主要因素。加入合作社能节约防治外包的交易费用;农户种植收入提高可以使农户对水稻病虫害外包服务的响应程度提高;防治外包组织的服务范围是否覆盖本村也是影响农户参与防治外包服务的关键因素,如果农户所处地区防治队伍组织化发展程度较低,信息渠道有限,就会在无形中限制现实中部分有潜在需求的农户参与病虫害防治外包服务的可能性。

### 8.1.3 影响农户防治外包规模的因素

务农劳动力、合作社成员、种植面积、兼业行为、防治外包组织植保机械效率替代、地区是影响农户病虫害防治外包规模的主要因素,尤其是防治外包组织的植保机械效率替代对防治外包规模有显著影响。与闽南地区农户相比,闽北地区农户更具有外包服务的托管意识,防治外包组织可以通过迂回服务来实现病虫害防治外包规模经济。

### 8.1.4 防治外包服务对农药施用行为的影响

农户参与病虫害防治外包与农药施用行为之间存在负相关关系,即农户参与病虫害防治外包能显著减少防治过程中的农药施用量。此外,稻谷商品化程度、社会网络、病虫害发生程度、地区也是影响农药施用量的主要因素。

在防治外包比自主防治更能减少农药施用量这一结论的基础上,笔者进一步剖析防治外包过程中不同防治机械对施药行为的影响,利用 Probit 模型构建外包过程中农药施药行为方程,关键变量为外包过程中不同植保机械类型。结果显示,村干部、土地质量、种植布局、防治外包形式、地区对防治外包过程中的施药行为具有很强的统计显著性影响。其中,防治外包形式对施药行为的影响是我们重点关注的部分,模型结果显示,使用无人机防治更能减少农药施用。此外,防治外包服务能增加生物农药施用行为的发生概率。

另外,值得注意的是,种植布局与农药施用行为之间显著正相关,说明种植连片单一化会导致防治外包过程中发生超量施药行为的可能性增大,且在其他变量保持不变的条件下,单一种植会导致超量施药行为的发生概率增加15.3%。该结论与植保病理学理论相吻合,病害的发生与流行是病虫害、寄主、人、环境互作的产物,单一规模布局使得土壤营养物质发生偏耗,作物长期处于"亚健康"状态,单一田间生境不利于农地益虫创造避难所与繁殖区,导致病虫可能因缺乏捕食性天敌而大量增殖。同时,群落结构及物种单纯化导致病原物中优势种群增殖,一旦田间生境物种间的制衡关系被打破,会大大增加病虫害流行的风险,这种自然外在约束与连片布局形成服务规模的内在经济需求存在一定矛盾,因此有必要在农业可持续发展的思路下,加强防治外包服务对绿色生产技术的引导与融合。

## 8.1.5 植保机械购置补贴对防治外包服务决策的影响

利用 Probit 模型进行回归分析的结果显示:近三年享有植保机械购置补贴的农户,其购买防治外包服务的概率减少19.28%,而三年前享有植保机构购置补贴对农户参与防治外包服务行为的影响不显著。这意味着,农户可能会因购置补贴更新先进植保机型,并由于提高新型植保机械的使用频率而降低防治外包服务的参与意愿。也就是说,植保机械购补贴与防治外包服务存在一定的消费替代性,但这种替代性会随着时间的推移而减弱。

# 8.2 政策建议

(1)充分提高水稻病虫害防治外包服务技术优势,继续着力推进防治外包服务推广工作。根据实证结果,水稻病虫害防治外包服务能提高防治效率,节约生产过程中的农药投入量。调研结果与现有研究表明,现阶段防治环节的社会化服务参与度与育秧、收获等生产环节相比相对较低。政府可以通过两方面进行调控:一是为农村务工人口提供稳定的城镇化就业岗位,并要求防治外包组织与农户签订规范的协议来降低监督成本,以此鼓励田间管理的托管服务。农户选择防治外包服务的主要原因是提高劳动效率,减少人力投入,政府只有为进城务工的农户提供较为稳定的工作机会,消除其生产生活顾虑,才可能突破土地规模化的局限性,实现服务资源整合。同时,防治外包服务的完善也能够支持农村青壮年劳动力外出,能改变现有粗放式经营的农业状态。二是政府财政扶持防治环节的农业服务组织,定期开展防治人员培训,帮助专业化防治组织完成水稻生产过程中育秧、防治、收获、烘烤等一系列稻谷商品化生产链的整合,加大农业社会化服务的宣传,从而将分散、繁重、有一定技术要求的病虫害防治任务从个体农户的手中剥离出来,落实"植保公共化"理念,尽早实现农业生产一体化。

(2)壮大水稻病虫害防治外包组织,鼓励这些组织有不同的企业角色。如发展农资公司、农机公司、合作社单位等防治组织的多元化属性,使其能在防治过程中减少农药采购、农机购买、农技学习的运营成本,多样化的业务能使防治组织在农闲时仍有盈利途径。防治环节与其他环节相比更具复杂性,从某种程度上说是技术密集型的生产环节,是"农药、农机、农技"的结合,多样化的组织属性有利于防治技术的结合,提高组织整体防治技术水平。笔者在调研中发现,农户有合作社成员会提高农户的防治外包参与度,可能的原因在于合作社性质的防治组织能减少农户参与防治外包的交易成本。因此,尤其要重视培育有合作社性质的防治组织的发展。此外,防治组织服务范围也是影响农户病虫害防治外包参与行为的主要因素,防治组织的服务范围没有覆盖农户所在村是抑制农户参与防治外包服务的主要因素之一,因此,壮大病虫害防治外包组织有利于提高农户防治外包参与度。

(3)提升防治外包组织中植保机型的先进性,在多山地的南方地区发展微型多旋翼植保无人机防治,以扩大防治外包服务的适度规模。尽管从 20世纪 50 年代开始,我国陆续在新疆、东北等地区使用固定翼飞机进行植保作业,在当时"简单再生产"的小农经济框架下,飞机施药相较于背负式药械施药有着明显的先进性,但自给自足且劳动力充足的农村家庭经营却没有迫切的需求动机,相当长的时间内我国航空植保产业发展相对缓慢。21 世纪以来,航空植保凭借适用性广、防治效率高、节约人力与作业成本等优点,在很大程度上弥补了传统植保机械的不足,成为助力发展现代农业的新力量(蔡良玫 等,2019)。2014 年,中央 1 号文件明确提出加强农用航空技术,植保无人机被纳入部分省(如河南等)级农机购买补贴目录,浙江、山西等地逐步开展无人机植保飞防试验示范项目。早期多旋翼无人机的电池续航能力较弱,单次飞行的电池续航能力不强,削弱了作业效率优势,导致我国航空植保难以获得规模化发展(蔡良玫 等,2019)。如今随着电池储能技术的不断完善,航空植保服务组织类型多样化,技术参与门槛较低,总体上看,这些优势的积累使得航空植保在农田防治方面具有较好的发展前景。政府应鼓励防治外包组织提升植保机械的先进性,尤其是要提升航空植保水平。政府还可以公益培训植保无人机操作人员,出台省级无人机涉农航化水稻作业的地方标准,提高外包组织的防治效率,扩大防治外包的服务范围。

在农机购置补贴政策方面,建议依据农户群体的经营规模差异来划分不同的资金补贴档次,优先向有专业化防治外包组织的合作社或公司倾斜。补贴如大疆、极飞植保无人机等新型植保设备,在队伍组建、公益性安排、无人机租赁体系建立、航空植保保险设立等方面进行完善,以促进外包组织在农机、农技方面专业优势的提升。同时,有必要丰富植保无人机的防治专用药剂的研究。农业航空植保专用药剂一般为超低容量的高浓度药剂,因此有必要做好对环境友好的航空植保药剂的研发。单机配备的防治技术也至关重要,如水稻褐飞虱暴发时,多停留在水稻茎基部,使用桨下扇型喷头喷施的药液才有较好的穿透力,能到达该虫群集位置。笔者在调研中发现,虽然外包组织的平均防治效率远高于农户自身防治效率,但水稻种植期相对固定,生产防治节律也相对稳定,在农忙喷洒期间,防治组织的植保机械效率会直接影响植保机械跨镇水稻防治服务半径,省内仍有不少村庄处于防治外包服务空白区域。不仅如此,农业农技部门应指导相邻村镇种植布局,同一田块水稻与其他作物轮作,提高外包组织机械在不同作物防治期的通用性,通过各地行政部门的联防联控来提高土地利用率与防治效率。尤其是福建省内多山地、丘陵地貌,普通担架式植保机械进入田块进行喷洒有一定难度,背负机动式植保机械对人力投入又有一定要求,而植保无人机防治技术日臻成熟,可以基本克服人力投入与地形约束困难,是未来农业智慧植保的重要工具。

(4)强化防治外包过程中现有防治技术与绿色生产行为的融合。防治外包本质上是防治决策群体的聚合,政府由监督分散农户转向对防治外包组织进行生产监管。通过监管对象的聚集,政府可以节约日常粮食生产安全的监督成本,较为精确地了解农业化学品的施用信息,因地制宜地编制各地专业化组织防治标准化操作手册。不仅如此,在农业绿色生产技术方面,由于防治外包使得绿色生产技术信息扩散通路被简化,行政部门可以精准规范各地外包组织农药购买渠道,开展生物农药施用的操作培训。农业补贴可通过外包组织向非化学防治倾斜,包括鼓励外包组织购买灭虫灯、生物农药来丰富其防治病虫害的手段,建立防治组织与农技推广部门之间的数字反馈机制,确保防治外包组织在病虫害防治过程中遇到的问题能得到及时、有效的诊断指导。

# 8.3　研究展望

本书运用计量经济学方法,以福建水稻病虫害防治外包为例,研究了影响农户防治服务决策、服务规模的主要因素,以及防治外包服务的生态效应,提出了深化病虫害防治外包的制度设计建议。进一步地,病虫害防治外包能否产生经济与生态的双重效益是后续研究的重要关注点。另外,受新冠疫情影响,笔者此次调研的地区主要集中在福建省内,调研结果主要反映了南方地区水稻病虫害防治的社会化情况。结合这些不足之处,提出如下研究展望。

第一,可以延伸测度防治外包组织的经济效率,在经费允许的条件下扩大调研地区,补充村级层面和防治组织的数据。

第二,收集连续三年的不同作物病虫害防治情况数据,并利用固定面板模型比较不同作物防治外包情况,强化结论的说服力,使结论更具普适性。

第三,深入探讨水稻防治外包服务与育种等多环节的绿色防控技术融合程度。同时,外包服务的本质属性是防治决策的集合与转移,防治外包对农药施用量、生物农药施用的影响只是评价防治生态效应的个别维度,因此有必要进一步深入研究智慧农田与防治外包的数字融合,实现从"会"种地到"慧"种地的转变,这势必会为乡村振兴带来新的动力与活力。

# 参考文献

A.Smith,2010. 国富论[M]. 北京：中央编译出版社：1-30.

A. 科林·卡梅伦,普拉温·K. 特里维迪,2016. Microeconomentrics using stata[M]. 重庆：重庆出版社：452-454.

A. 恰亚诺夫,1996. 农民经济组织[M]. 北京：中央编译出版社：90-91.

蔡键,唐忠,朱勇,2017. 要素相对价格、土地资源条件与农户农业机械服务外包需求[J]. 中国农村经济(8)：18-28.

蔡良玫,李昆,王林萍,2019. 美、日、中航空植保产业发展的比较与启示 [J]. 中国植保导刊,39(7)：60-63.

蔡良玫,宁满秀,王林萍,2019. 基于分工理论的农作物病虫害防治社会化服务推广理论框架的建立[J]. 中国植保导刊,39(3)：85-89.

蔡荣,蔡书凯,2014. 农业生产环节外包实证研究：基于安徽省水稻主产区的调查[J]. 农业技术经济(4)：34-42.

蔡荣,汪紫钰,钱龙,等,2019. 加入合作社促进了家庭农场选择环境友好型生产方式吗?：以化肥、农药减量施用为例[J]. 中国农村观察(1)：51-65.

蔡荣,2010. 农业化学品投入状况及其对环境的影响[J]. 中国人口·资源与环境,20(3)：107-110.

陈菲菲,张崇尚,罗玉峰,等,2016. 农户种植经验对技术效率的影响分析：来自我国4省玉米种植户的微观证据[J]. 农业技术经济(5)：12-21.

陈风波,2007. 水稻投入产出与稻农技术需求:对江苏和湖北的调查[J],农业技术经济(6):45-50.

陈宏伟,穆月英,2019. 农业生产性服务的农户增收效应研究:基于内生转换模型的实证[J]. 农业现代化研究,40(3):403-411.

陈品,钟甫宁,孙顶强,2017. 劳动力短缺下的农时延误、产量损失与外包服务利用:以水稻病虫害防治为例[C]. 中国农林经济管理学术年会报告.

陈湘涛,2021. 农业社会化服务体系对乡村振兴的作用机制研究[J]. 湖南行政学院学报(6):116-120.

陈晓明,王程龙,薄瑞,2016. 中国农药使用现状及对策建议[J]. 农药科学与管理,37(2):4-8.

陈奕山,钟甫宁,纪月清,2017. 农户兼业对水稻杀虫剂施用的影响[J]. 湖南农业大学学报(社会科学版),18(6):1-6,19.

储成兵,李平,2013. 农户农用地流转意愿及流转数量影响因素实证分析:基于安徽省278户农户的调查数据[J]. 软科学,27(4):83-87.

褚彩虹,冯淑怡,张蔚文,2012. 农户采用环境友好型农业技术行为的实证分析:以有机肥与测土配方施肥技术为例[J]. 中国农村经济(3):68-77.

邸帅,高飞,纪月清,2020. 规模、服务质量风险与农户植保机械作业外包:以新疆玛河流域为例[J]. 农业现代化研究,41(2):285-293.

董程成,2012. 非农兼业、耕地特征与农业社会化服务需求意愿:以病虫害专业化统防统治为例[J]. 科技和产业,12(5):125-130.

杜江,刘渝,2009. 中国农业增长与化学品投入的库兹涅茨假说及验证[J]. 世界经济文汇(3):96-108.

段华平,2010. 农业非点源污染控制区划方法及其应用研究[D]. 南京:南京农业大学:65.

范存会,黄季焜,胡瑞法,等,2002. Bt抗虫棉的种植对农药施用的影响[J]. 中国农村观察(5):2-10,16-80.

高杨,李佩,汪艳涛,等,2016.农户分化、关系契约治理与病虫害防治外包绩效:基于山东省520个菜农的实证分析[J].统计与信息论坛,31(3):104-109.

龚道广,2000.农业社会化服务的一般理论及其对农户选择的应用分析[J].中国农村观察(6):25-34,78.

关锐捷,2012.构建新型农业社会化服务体系初探[J].农业经济问题,33(4):4-10,110.

郭明亮,2016.中国水稻氮过量对农药用量的影响[D].北京:中国农林大学:4-5.

郭跃华,2012.对农作物病虫害专业化统防统治的思考[J]中国植保导刊,32(1):56-59.

韩洪云,蔡书凯,2011.农药施用健康成本及其影响因素研究:基于粮食主产区农户调研数据[J].中国农业大学学报,16(5):163-170.

何泽军,张锐,姬一帆,等,2022.规模户与小农户差异视角的粮食生产生物农药采用研究:基于河南省688个粮农转换成本的分析[J].中国农业资源与区划,43(8):22-30.

贺雪峰,2018.关于实施乡村振兴战略的几个问题[J].南京农业大学学报(社会科学版),18(3):19-26,152.

胡新艳,朱文珏,罗必良,2016.产权细分、分工深化与农业服务规模经营[J].天津社会科学(4):93-98.

黄炳超,肖汉祥,张扬,等,2006.不同施氮量对水稻病虫害发生的影响[J].广东农业科学(5):41-43.

黄承伟,2021.论乡村振兴与共同富裕的内在逻辑及理论议题[J].南京农业大学学报(社会科学版),21(6):1-9.

黄季焜,齐亮,陈瑞剑,2008.技术信息知识、风险偏好与农民施用农药[J].管理世界(5):71-76.

纪月清,刘亚洲,陈奕山,2015. 统防统治:农民兼业与农药施用[J]. 南京农业大学学报(社会科学版),15(6):61-67,138.

纪月清,王许沁,陆五一,等,2016. 农业劳动力特征、土地细碎化与农机社会化服务[J]. 农业现代化研究,37(5):910-916.

姜松,曹峥林,刘晗,2016. 农业社会化服务对土地适度规模经营影响及比较研究:基于CHIP微观数据的实证[J]. 农业技术经济(11):4-13.

孔德生,孙明海,朱晓明,等. 邹城市农作物病虫害专业化统防统治与绿色防控融合推进的实践及成效[J]. 中国植保导刊,2015,35(4):85-87.

孔祥智,方松海,庞晓鹏,等,2004. 西部地区农户禀赋对农业技术采纳的影响分析[J]. 经济研究(12):85-95,122.

孔祥智,徐珍源,2010. 农业社会化服务供求研究:基于供给主体与需求强度的农户数据分析[J]. 广西社会科学(3):120-125.

兰玉彬,王国宾,2018. 中国植保无人机的行业发展概况和发展前景[J]. 农业工程技术,38(9):17-27.

李爱梅,凌文辁,2007. 心理账户:理论与应用启示[J]. 心理科学进展(5):727-734.

李宝礼,邵帅,裴延峰,2019. 住房状况、城市身份认同与迁移人口环境行为研究[J]. 中国人口·资源与环境,29(11):90-99.

李丹,刘红梅,何海永,等,2012. 水稻病虫害专业化统防统治的防控效果[J]. 贵州农业科学,40(5):78-80.

李红梅,傅新红,吴秀敏,2007. 农户安全施用农药的意愿及其影响因素研究:对四川省广汉市214户农户的调查与分析[J]. 农业技术经济(5):99-104.

李季,2001. 中国水稻生产的环境成本估算:湖北、湖南案例研究[J]生态学报,21(9):10.

李宁,汪险生,王舒娟,等,2019. 自购还是外包:农地确权如何影响农户的农业机械化选择?[J]. 中国农村经济(6):54-75.

李宁,周琦宇,汪险生,2020. 新型农业经营主体的角色转变研究:以农机服务对农地经营规模的影响为切入点[J]. 中国农村经济(7):40-58.

李俏,张波,2011. 农业社会化服务需求的影响因素分析:基于陕西省74个村214户农户的抽样调查[J]. 农村经济(6):83-87.

李俏,张波,2011. 中国农业社会化的发展潜力与路径探微[J]. 中国农业大学学报(社会科学版),28(2):16-23.

李琴,李大胜,陈风波,2017. 地块特征对农业机械服务利用的影响分析:基于南方五省稻农的实证研究[J]. 农业经济问题,38(7):43-52,110-111.

李荣耀,2015. 农户对农业社会化服务的需求优先序研究:基于15省微观调查数据的分析[J]. 西北农林科技大学学报(社会科学版),15(1):86-94.

李实,陈基平,滕阳川,2021. 共同富裕路上的乡村振兴:问题、挑战与建议[J]. 兰州大学学报(社会科学版),49(3):3.

李想,穆月英,2013. 设施蔬菜种植户采用可持续生产技术的实证分析:以辽宁省农户调查为例[J]. 统计与信息论坛,28(7):96-101.

刘家成,钟甫宁,徐志刚,等,2019. 劳动分工视角下农户生产环节外包行为异质性与成因[J]. 农业技术经济(7):4-14.

刘强,杨万江,2016. 农户行为视角下农业生产性服务对土地规模经营的影响[J]. 中国农业大学学报,21(9):188-197.

刘儒,刘江,王舒弘,2020. 乡村振兴战略:历史脉络、理论逻辑、推进路径[J]. 西北农林科技大学学报(社会科学版),20(2):1-9.

芦千文,2016. 我国农业生产性服务业支持政策的回顾与述评[J]. 农业经济与管理(2):95-100.

陆岐楠,张崇尚,仇焕广,2017. 农业劳动力老龄化、非农劳动力兼业化对农业生产环节外包的影响[J]. 农业经济问题,38(10):27-34.

罗必良,万燕兰,洪炜杰,等,2019. 土地细碎化、服务外包与农地撂荒:基于9省区2704份农户问卷的实证分析[J]. 经济纵横(7):63-73.

罗必良,2017. 论服务规模经营:从纵向分工到横向分工及连片专业化[J]. 中国农村经济(11):1-15.

罗明忠,陈江华,唐超,2019. 农业生产要素配置与农机社会化服务供给行为:以水稻劳动密集型环节为例[J]. 江苏大学学报(社会科学版),21(1):35-43,56.

罗小锋,杜三峡,黄炎忠,等,2020. 种植规模、市场规制与稻农生物农药施用行为[J]. 农业技术经济,302(6):71-80.

吕挺,纪月清,易中懿,2014. 水稻生产中的地块规模经济:基于江苏常州金坛的调研分析[J]. 农业技术经济(2):68-75.

马橙,龚直文,2018. 基于两阶段选择模型的果农保护性耕作技术采纳行为分析:以陕西省礼泉县为例[J]. 农林经济管理学报,17(3):302-308.

毛慧,周力,应瑞瑶,2018. 风险偏好与农户技术采纳行为分析:基于契约农业视角再考察[J]. 中国农村经济(4):74-89.

米建伟,黄季焜,陈瑞剑,等,2012. 风险规避与中国棉农的农药施用行为[J]. 中国农村经济(7):60-71,83.

宁满秀,2007. 农业保险制度的环境经济效应:一个基于农户生产行为的分析框架[J]. 农业技术经济(3):28-32.

欧高财,唐会联,陈越华,等,2011. 湖南省农作物病虫害专业化统防统治发展路径初探[J]. 中国植保导刊,31(10):46-48.

彭建仿,2017. 农业社会化服务供应链的形成与演进[J]. 华南农业大学学报(社会科学版),16(4):45-52.

彭柳林,池泽新,付江凡,等,2019. 劳动力老龄化背景下农机作业服务与农业科技培训对粮食生产的调节效应研究:基于江西省的微观调查数据[J]. 农业技术经济(9):91-104.

戚迪明,杨肖丽,江金启,等,2015. 生产环节外包对农户土地规模经营的影响分析:基于辽宁省水稻种植户的调查数据[J]. 湖南农业大学学报(社会科学版),16(3):7-12.

邱英东,应德文,2013. 惠农政策助力延平区病虫害统防统治[J]. 福建农业(9):21.

饶汉宗,陈学武,2015. 青田县阜山乡单季稻病虫害整建制乡专业化统防统治探讨[J]. 现代农业科技(2):151-153.

申红芳,陈超,廖西元,等,2015. 稻农生产环节外包行为分析:基于7省21县的调查[J]. 中国农村经济(5):44-57.

苏柯雨,魏滨辉,胡新艳,2020. 农业劳动成本、市场容量与农户农机服务外包行为:以稻农为例 [J]. 农村经济(2):98-105.

苏毅清,王志刚,2014. 北京市消费者为高水平家庭服务支付意愿分析:基于广义虚拟经济理论的视角[J]. 广义虚拟经济研究,5(3):54-64.

孙顶强,ASMELASH M,卢宇桐,等,2019. 作业质量监督、风险偏好与农户生产外包服务需求的环节异质性[J]. 农业技术经济(4):4-15.

孙顶强,卢宇桐,田旭,2016. 生产性服务对中国水稻生产技术效率的影响:基于吉、浙、湘、川4省微观调查数据的实证分析[J]. 中国农村经济(8):70-81.

孙久文,李方方,张静,2021. 巩固拓展脱贫攻坚成果 加快落后地区乡村振兴[J]. 西北师大学报(社会科学版),58(3):5-15.

孙少岩,郭扬,2018. 健全农业社会化服务体系 助推乡村振兴战略:土地收益保证贷款相关理论及实践问题探讨[J]. 商业研究(11):7-11.

童霞,山丽杰,吴林海,2011. 影响农药施用行为的农户特征研究[J]. 农业技术经济(11):71-83.

汪卫民,1998. 中国生态农业的理论与实践[J]. 生态经济(6):5-6,16.

王建强,王强,赵清,2014. 病虫害专业化统防统治发展现状及对策建议[J]. 中国植保导刊,34(8):76-80.

王利萍,李爱梅,2010. 沉没成本的行为反应:理性与非理性并存[J]. 经营与管理(10):14-15.

王艳青,2006. 近年来中国水稻病虫害发生及趋势分析[J]. 中国农学通报(2):343-347.

王永强,2013.农户过量配比农药影响因素分析[J].经济与管理研究:86-91.

王钊,刘晗,曹峥林,2015. 农业社会化服务需求分析:基于重庆市191户农户的样本调查[J]. 农业技术经济(9):17-26.

王志刚,申红芳,廖西元,2011. 农业规模经营:从生产环节外包开始:以水稻为例[J]. 中国农村经济(9):4-12.

王志章,孙晗霖,2015. 农业机械化对农民增收效应的实证研究[J]. 中国农机化学报,36(2):310-313,322.

危朝安,2011. 在全国农作物病虫害专业化统防统治工作会议上的讲话[J]. 农业技术与装备(18):4-8.

魏欣,李世平,2012. 蔬菜种植户农药使用行为及其影响因素研究[J]. 统计与决策(24):116-118.

吴敬琏,2016. 当代中国经济改革教程[M]. 上海:上海远东出版社.

吴萍,刘小伟,吴迪,等,2019. 农机生产性服务模式创新研究:来自山东与江苏的实践[J]. 中国农机化学报,40(3):221-226.

西奥多·W. 舒尔茨,2006. 改造传统农业[M]北京:商务印书馆.

谢联辉,2013. 通植保病理学:第二版[M]. 北京:科学出版社:305-308.

谢琳,钟文晶,2016. 规模经营、社会化分工与深化逻辑:基于"农业共营制"的案例研究[J]. 学术研究(8):101-106,177-178.

徐峰,唐海波,陶琏,等,2019. 基于改进农机购置补贴分类分档方式促进"精准补贴"的思考[J]. 中国农机化学报,40(5):201-205.

徐月华,2015. 永定区水稻病虫害专业化统防统治现状与发展对策[J]. 福建农业科技(5):77-80.

徐志平,徐学荣,吴元兴,2014. 推进专业化统防统治建设生态友好型农业确保农产品质量安全[J]. 发展研究(11):93-98.

亚当·斯密,1997. 国民财富的性质和原因的研究[M]. 郭大力,王亚南,译. 北京:商务印书馆.

杨高第,张露,岳梦,等,2020. 农业社会化服务可否促进农业减量化生产?:基于江汉平原水稻种植农户微观调查数据的实证分析[J]. 世界农业(5):85-95.

杨进,向春华,张晓波,2019. 中国农业的劳动分工:基于生产服务外包的视角[J]. 华中科技大学学报(社会科学版),33(2):45-55.

杨世伟,2020. 绿色发展引领乡村振兴:内在意蕴、逻辑机理与实现路径[J]. 华东理工大学学报(社会科学版),35(4):125-135.

杨万江,李琪,2018. 农户兼业、生产性服务与水稻种植面积决策:基于 11 省 1646 户农户的实证研究[J]. 中国农业大学学报(社会科学版),35(1):100-109.

杨志海,2019. 生产环节外包改善了农户福利吗?:来自长江流域水稻种植农户的证据[J]. 中国农村经济(4):73-91.

杨志武,钟甫宁,2010. 农户种植业决策中的外部性研究[J]. 农业技术经济(1):27-33.

叶敬忠,豆书龙,张明皓,2018. 小农户和现代农业发展:如何有机衔接?[J]. 中国农村经济(11):64-79.

叶兴庆,2022. 以提高乡村振兴的包容性促进农民农村共同富裕[J]. 中国农村经济(2):2-14.

应瑞瑶,徐斌,2014. 农户采纳农业社会化服务的示范效应分析:以病虫害统防统治为例[J]. 中国农村经济(8):30-41.

应瑞瑶,徐斌,2017. 农作物病虫害专业化防治服务对农药施用强度的影响[J]. 中国人口·资源与环境(8):90-97.

袁玉付,2012. 推进农作物病虫害专业化统防统治中的"五大"突出问题与对策[C]. 中国植物保护学会成立50周年庆祝大会暨2012年学术年会论文集:4.

张兵,孟德锋,刘文俊,等,2009. 农户参与灌溉管理意愿的影响因素分析:基于苏北地区农户的实证研究[J]. 农业经济问题(2):66-72,111.

张恒,郭翔宇,2020. 粮食主产区农机购置补贴政策对农机作业服务市场规模的影响:基于2004—2017年的省级面板数据[J]. 中国农机化学报,41(1):191-196.

张洪程,吴桂成,戴其根,等,2011.水稻氮肥精确后移及其机制[J].中国农业科学,37(10):1837-1851.

张梦玲,陈昭玖,翁贞林,等,2023. 农业社会化服务对化肥减量施用的影响研究:基于要素配置的调节效应分析[J]. 农业技术经济(3):20.

张平,王曦晨,2022. 习近平乡村生态振兴重要论述的三维解读:生成逻辑、理论内涵与实践面向[J]. 西北农林科技大学学报(社会科学版),22(1):1-7.

张绍升,2014. 优质稻病虫害诊治图鉴[M]福州:福建科学技术出版社:142-143.

张天佐,2020. 以农业社会化服务引领农业现代化发展[J]. 乡村振兴(11):8-10.

张笑,李佩,高杨,2017. 家庭农场对营利性病虫害防治服务组织的选择偏好研究[C]. 中国农林经济管理学术年会报告.

张新臣,梁芝稳,刘新强,等,2017. 济宁市农机购置补贴与农业生产效益关系分析[J]. 中国农机化学报,38(1):150-154.

张忠军,易中懿,2015. 农业生产性服务外包对水稻生产率的影响研究:基于358 个农户的实证分析[J]. 农业经济问题,36(10):69-76.

赵秋倩,沈金龙,夏显力,2020. 农业劳动力老龄化、社会网络嵌入对农户农技推广服务获取的影响研究[J]. 华中农业大学学报(社会科学版)(4):79-88,177-178.

赵然芬,2018. 以健全农业社会化服务体系为抓手 加快推进河北省乡村振兴的对策与建议[J]. 经济论坛(3):4-6.

赵晓峰,赵祥云,2018. 新型农业经营主体社会化服务能力建设与小农经济的发展前景[J]. 农业经济问题(4):99-107.

郑瑞强,郭如良,2021. 促进农民农村共同富裕:理论逻辑、障碍因子与实现途径[J]. 农林经济管理学报,20(6):780-788.

钟甫宁,宁满秀,邢鹂,等,2006. 农业保险与农用化学品施用关系研究[J]. 经济学:92-308.

钟真,胡珺祎,曹世祥,2020. 土地流转与社会化服务:"路线竞争"还是"相得益彰"?:基于山东临沂 12 个村的案例分析[J]. 中国农村经济(10):52-70.

钟真,2019. 社会化服务:新时代中国特色农业现代化的关键:基于理论与政策的梳理[J]. 政治经济学评论,10(2):92-109.

周曙东,张宗毅,2013. 农户农药施药效率测算、影响因素及其与农药生产率关系研究:对农药损失控制生产函数的改进[J]. 农业技术经济(3):4-13.

朱淀,孔霞,顾建平,2014. 农户过量施用农药的非理性均衡:来自中国苏南地区农户的证据[J]. 中国农村经济(8):17-41.

邹杰玲,董政祎,王玉斌,2018."同途殊归":劳动力外出务工对农户采用可持续农业技术的影响[J]. 中国农村经济(8):83-98.

DAI J H,1995. Review on the theory and practice of eco-agriculture[J]. Chin bull bot,12: 243-247.

GILLESPIE J, NEHRING R, SANDRETTOC, et al., 2010. Forage outsourcing in the dairy sector: the extent of use and impact on farm profitability[J]. Agricultural and resource economics review(3):399-414.

GREENE W H, 1993. Econometricanalysis[M]. 3rd ed. Englewood Cliffs, NJ: Prentice Hall.

HUANG J, HU R, PRAY C, et al., 2004. Plant biotechnology in China: public investments and impacts onfarmers[R]. Proceedings of the 4th International Crop Science Congress.

JENSEN R, 1982. Adoption and diffusion of an innovation of uncertain profitability[J]. Journal of economic theory, 27(1): 182-193.

KOUNDOURI P, NAUGES C, TZOUVELEKAS V, 2006. Techno-logy adoption under production uncertainty: theory and application to irrigation technology[J]. American journal of agricultural economics, 88(3): 657-670.

PEMSL D, WAIBEL H, GUTIERREZ A P, 2005. Why do somebt-cotton farmers in China continue to use high levels of pesticides?[J]. International journal of agricultural sustainability, 3(1):44-56.

SAHA A, LOVE H A, SCHWART R, 1994. Adoption of emerging technologies under output uncertainty[J]. American journal of agricultural economics, 76(4):836.

YOUNG A A, 1928. Increasing returns and economic progress[J]. Economic journal, 38(152):527-542.

# 附录

# 专家访谈名单[①]

| 序号 | 姓 名 | 工作单位 | 职务、职称 |
|---|---|---|---|
| 1 | 关瑞峰 | 福建省农业厅植保植检总站 | 推广研究员、副站长 |
| 2 | 刘国坤 | 福建农林大学植物保护学院 | 教授 |
| 3 | 肖 顺 | 福建农林大学植物保护学院 | 教授、副院长 |
| 4 | 黄智明 | 邵武市农业农村局植保植检站 | 农艺师、站长 |
| 5 | 黄光环 | 上杭县农业农村局植保植检站 | 高级农艺师、站长 |
| 6 | 陈传聪 | 建宁县农业农村局植保植检站 | 高级农艺师、副站长 |
| 7 | 罗祠平 | 建阳区农业农村局植保植检站 | 高级农艺师、副站长 |
| 8 | 蔡丽君 | 漳浦县农业农村局植检植保站 | 农艺师、站长 |
| 9 | 陈少珍 | 龙海市农业农村局农技站 | 高级农艺师、站长 |
| 10 | 游世奇 | 长汀县农业农村局植保站 | 高级农艺师、副站长 |
| 11 | 曾繁柱 | 邵武市顺意农业发展有限公司 | 负责人 |
| 12 | 戴子中 | 南安市圆梦农业专业合作社 | 负责人 |
| 13 | 李显发 | 三明市旺农农业服务有限公司 | 总经理 |
| 14 | 林昌峰 | 福建省三明新农人农业科技有限责任公司 | 总经理 |
| 15 | 彭荣根 | 邵武市荣根水稻种植农民专业合作社 | 负责人 |
| 16 | 王金兴 | 漳浦县官浔镇坤山农业专业合作社 | 副负责人 |

---

[①] 本名单所列专家信息为笔者调研期间所获得的。

# 后 记

本书能够顺利出版,离不开福建农林大学、宁德师范学院给予我继续学习的机会和平台,让我遇到这么多的良师益友。感谢导师王林萍教授不厌其烦地指导我写作,给予我最大的耐心,让我敢于阐述科研思路和想法,允许自己犯错;感谢宁满秀教授对实证计量这部分内容的指点和帮助,宁教授开设的方法论课程也让我获益良多;感谢福建农林大学植保学院谢联辉老师,他对未来植保发展的大局观与前瞻理念,让我深受启发,促使我在写作时从农业经济学、生态学的交叉视角下去审视农业防治外包服务可能存在的问题;感谢宁德师范学院魏远竹教授,福建农林大学经济学院徐学荣教授、郑旭媛教授,以及福建农林大学植保学院刘国坤教授对我的研究工作的大力支持与指导;感谢福建农林大学植保学院肖顺教授对问卷设计提出的宝贵建议。

福建省内水稻主要种植区调研工作的顺利完成,离不开时任福建省植保植检总站站长关瑞峰,建宁、邵武、长汀、上杭、南安、漳浦、龙海等各县市农业农村局领导和20多位高级植保技术员对我们调研队伍的支持和帮助,在此表示由衷的感谢。同时,感谢前前后后为调研工作提供帮助的人员,包括王维、张峥、郑其杰、李昆、沈都都、欧阳婉芳、苏晓冰等50多位同学;感谢农忙期间配合我们收集防治数据的农户朋友,以及各乡镇的水稻防治组织负责人。此外,还要感谢厦门大学出版社对于本书出版工作的支持。

最后,感谢我的父母和朋友对我学习的理解和支持。对他们,我总是陪伴得太少。很遗憾,在写作期间,有些亲人我还没有好好道别,他们就离我而去。

蔡良玫

2024年5月